U0925052

| 文治堂 |

第一财经 YICAI

THE BELT AND ROAD INITIATIVE

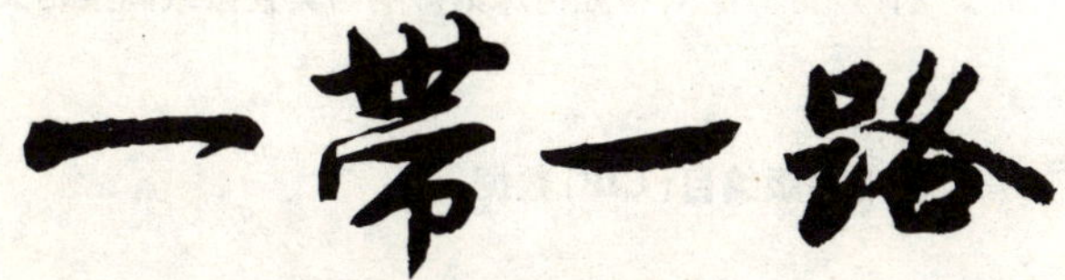

引领全球化新时代

第一财经 编著

内容提要

全球化发展正处于历史的十字路口——在全球经济、贸易增长低迷的背景下，反全球化和民粹主义思潮风起云涌。"一带一路"倡议正提出于这一博弈的关口，为国际秩序转换和全球治理体系重塑贡献了重要的中国智慧。未来画卷正徐徐展开，其影响必将遍及各个角落。本书汇集了第一财经上来自不同领域权威专家、各国政府机构官员及相关投资机构管理者关于"一带一路"的精华解读和访谈记录，有高瞻远瞩的前沿瞭望，也有就税务、生态、区域发展等话题的极具操作性的意见；既回顾了"一带一路"自提出以来的发展脉络，更描绘了这一倡议将如何重构未来。从中我们得以窥见，互联互通的、普惠的"一带一路"，将如何深刻影响与其直接或间接相关的每一个地区和个人。

图书在版编目(CIP)数据

一带一路引领全球化新时代／第一财经编著. —上海：上海交通大学出版社，2017
ISBN 978-7-313-17714-8

Ⅰ. ①一…　Ⅱ. ①第…　Ⅲ. ①"一带一路"—国际合作—文集　Ⅳ. ①F125-53

中国版本图书馆 CIP 数据核字(2017)第 160107 号

一带一路引领全球化新时代

编　　著：第一财经
出版发行：上海交通大学出版社　　地　　址：上海市番禺路 951 号
邮政编码：200030　　电　　话：021-64071208
出 版 人：郑益慧
印　　制：山东临沂新华印刷物流集团有限责任公司　　经　　销：全国新华书店
开　　本：880 mm×1230 mm　1/32　　印　　张：7.875
字　　数：151 千字
版　　次：2017 年 8 月第 1 版　　印　　次：2017 年 8 月第 1 次印刷
书　　号：ISBN 978-7-313-17714-8/F
定　　价：58.00 元

序：全球化自东向西

环顾全球大国，在一片逆全球化和保护主义的声浪中，只有中国提出并推进着一个清晰的国家战略："一带一路"。

2013 年 9 月 7 日上午，中国国家主席习近平在哈萨克斯坦纳扎尔巴耶夫大学演讲，提出共同建设"丝绸之路经济带"。10 月 3 日，习近平主席在印度尼西亚国会演讲中，提出中国与东盟共建 21 世纪海上丝绸之路。

4 年来，"一带一路"倡议唤醒了一个历史符号——历经两千年历史，贯穿东西方文明。复兴的中国在重返世界舞台中央，展示的世界观极具历史使命感和未来想象力。

丝绸之路是人类最早的全球化路线，从东方向西方。这个概念在历史荒漠下掩埋上千年，直到近代才被发掘出来。1870 年德国地理学家李希霍芬（Richthofen, Ferdinand von）到洛阳考察后，在有关著作中首次提出从洛阳到撒马尔罕（今属乌兹别克斯坦）有一条古老的商路，将其命名为"丝绸之路"。汉唐时期，长安和洛阳，是世界上最大和最繁荣的都市。

丝绸之路穿越欧亚大陆，在农耕与游牧时代，实现了世界上的主要文明在中亚地区的交汇。而15世纪开始的地理大发现，从海洋上开辟了新的全球化航程。最早的海洋探险的目标，一度试图从欧亚大陆的西端，经过海上绕行到欧亚大陆的东端。发现新大陆，开辟新航线，在工业革命时代，全球化以西方对外殖民、西方对东方征服、海洋对大陆包围的方式展开。

海洋时代也是全球贸易时代，人类实现了所有文明的全面交流与碰撞，也实现了真正意义上的全球化。在全球贸易时代，2000多年前在陆地上开启丝绸之路的中国，面对海洋强国的崛起，经历了数百年的衰落。

但中国最终复活了其文化中的全球化基因。以冷战结束和中国加入WTO为标志，中国开放并全面融入全球经济，这一时期正值全球化的高峰时期，中国迅速崛起为全球第二大经济体、全球第一大贸易国、全球第一大制造业国家、全球最大的外汇储备国。借助全球化，中国正在登顶全球最大经济体。

全球化经历了一次大的钟摆的摆动，正在重新回到自东向西的轨道上。

历史押着相同的韵脚，但其内涵已经大不相同。如果说全球化是实现全球所有国家和地区的无缝连接与分工，最终实现共同的繁荣，这个使命在西方主导的工业时代和海洋时代并没有完成，甚至遇到了极大的阻力。而中国提出的“一带一路”，正是全球化继续推进的路线图。

中国正推动新一轮全球大连接，背后正是中国基础设施的建设能力，用来补上全球贸易的短板。中国已经建立了全球里程最长的高铁和高速公路网络，向整个欧亚大陆开放和延伸。高铁技术让欧亚大陆在全球地缘政治与地缘经济中的核心地位重新确立。海洋时代，海上强国主导了国际秩序，内陆地区成为闭塞和落后的代名词。丝绸之路经济带将会把中国广袤的内陆地区与欧亚大陆的腹地连接起来，延伸到太平洋、大西洋和印度洋，这是一条通向繁荣之路。

“一带一路”可以帮助实现海洋与大陆交通的无缝连接，通过港口、铁路和高速公路体系，覆盖亚洲和非洲的所有国家。中国是全球制造业中心，也是全球最大的消费市场，中国东部海岸线已经布满了全球吞吐量最大和最先进的港口，从全球进口原油和原料，出口工业品和消费品，对全球农产品市场的依赖日益加深。海陆贯通的交通体系，将加快形成一个分布全球的供应链体系，让所有参与的国家都受惠。而通向中国的航线日益需要保障，从巴基斯坦经济走廊，吉布提的解放军基地，到印度洋沿岸的经济特区，打通印度洋与太平洋，中国对航线的保障，也会服务全球海洋秩序。

“一带一路”也是一个全球数字经济的基础设施。除了在地理上的连接，中国还在推动全球互联网的连接，为亚洲、欧洲、非洲提供最先进的移动通信技术和手机技术，建立起云计算和大数据能力。欠发达地区上亿人口通过移动互联网连接起来，直接向新技术跨越，他们学会使用社交网络、电子商务和移动支付。覆盖全球的数字经济基础设施，会吸引更多人口、更多企业以更加便捷的方式参与全球贸易、分工与创新。

“一带一路”也是人民币国际化之路。中国正在将其全球最高的储蓄率以及全球最大规模的外汇储备投资于“一带一路”。亚洲基础设施投资银行和丝路基金，投资规模已经能够媲美世界银行和亚洲开发银行等国际多边开发机构。在北京“一带一路”峰会上，中国宣布向丝路基金新增资金 1 000 亿元人民币，鼓励金融机构开展人民币海外基金业务，规模预计约 3 000 亿元人民币。中国国家开发银行、进出口银行将分别提供 2 500 亿元和 1 300 亿元等值人民币专项贷款，用于支持“一带一路”中的基础设施建设、产能、金融合作。

高铁、互联网、人民币构成了新一轮全球化中鲜明的中国因素。“一带一路”将一路自东向西，穿越戈壁、沙漠、绿洲、草原，中国也继续扬帆全球化，劈波斩浪，创造未来。

周健工

（第一财经传媒有限公司 CEO、第一财经总编辑）

目 录

权威解读

“一带一路”将引领全球化新时代

何亚非　外交部前副部长、国务院侨办前副主任

“一带一路”是全球化新时代的“新丝路”，更是全球化的“新思路”。2017 年 5 月北京“一带一路”国际合作高峰论坛的成果充分证明了这一点。

习近平主席在高峰论坛闭幕式上总结了会议凝聚的共识：与会各方将致力于推动“一带一路”建设国际合作，携手应对世界经济面临的挑战；支持加强经济政策协调和发展战略对接，努力实现协同联动发展；希望将共识转化为行动，推动各领域务实合作不断取得新成果；期待架设各国民间交往的桥梁，为人民创造更美好的生活；坚信“一带一路”建设是开放包容的发展平台，各国都是平等的参与者、贡献者、受益者。

古代中国的丝绸之路，无论是商人的骆驼队，还是海洋的船队，开创了中国与外部世界更大范围的文明交融

和贸易来往。如今,“新丝路”也将是一条文明融合之路、文化交流之路、和平合作之路。

“新丝路”体现的全球化“新思路”,无论是“政策沟通、设施联通、贸易畅通、货币流通、民心相通”,还是“六大经济走廊”连接众多发展中国家,还是亚洲基础设施投资银行、丝路基金等新的投融资渠道,“和平合作、开放包容、互学互鉴、互利共赢”的丝路精神既有历史传承,又有时代创新,将各国人民在“一带一路”平台上紧密地联系在一起,相互开放、加强合作、共同发展。

“一带一路”将从以下几个方面引领全球化新时代:

(1) 目前,全球化面临严峻挑战,“逆全球化”和民粹主义在世界范围内盛行,这既会给一国内部带来社会分裂和治理困难,也给世界的未来出了一道世纪难题。而“一带一路”倡导“共商、共建、共享”原则,将指导我们在市场效率和社会公平之间实现动态、有效的平衡,是应对全球化新挑战的“良方”。

全球化需坚持“包容、普惠、共享”原则,不能成为少数国家、少数跨国公司和利益集团的特权及其操控的“游戏场”,不能任由垄断资本为所欲为。我们需要努力推进老百姓普遍受惠的全球化,而不是只有少数国家和垄断资本受益的“伪全球化”。

全球化给世界带来了长期和平和经济发展,但是西方主导的全球化并未让老百姓“普遍受惠”,而是出现了所谓的“赢者和输者”,财富向少数人集中,各国之间和一国内部都出现了经济发展不平衡、财富分配失衡、贫富差距拉大的现象,致使广大发展中国家依然陷在原有“中心、边缘”国际体系的“边缘”地带，落在工业化的后面。

同时，西方社会内部矛盾加深，民粹主义卷土重来，反全球化力量上升。美国、英国和一些欧洲国家频频出现的“黑天鹅事件”，以及政治极端化趋势，就是这一深层次问题的表现。

世界由此进入了充满不确定性、不稳定性的政治“新常态”，国际秩序转换和全球治理体系重塑的大幕已经拉开。

“一带一路”所体现的“普惠性”，将使各国百姓有更多的参与感、获得感、幸福感，有助于克服贫富差距、弥合社会阶层分裂，给扭转“逆全球化”提供了有效路径。

人民是历史的主人，也是全球化、全球治理的主人。中国的发展为了人民，以人民利益为根本出发点。中国提出“一带一路”倡议，创新全球治理思想和模式，同样把各国人民利益装在心里，希望老百姓能够获得实实在在的好处。

“一带一路”倡导“和平合作、开放包容、互学互鉴、互利共赢”的丝路精神，融合了“中国梦”与“世界梦”，体现了中国国家利益和国际社会共同利益的高度一致。习近平主席强调，“一带一路”是各国人民的大合唱，不是中国独唱，是建设各国的“百花园”，不是中国的“后花园”，其深刻含义就在于各国人民普遍参与、共享发展成果。

(2)“一带一路”将推动“开放、包容、平等、合作”的全球化新航程。开放是前提，合作是基础，发展是关键。

中国在全球化新时代将坚定不移地继续对外开放,向发达和发展中国家都开放,构建中国全面开放的新格局。“一带一路”推动各国相互开放,平等合作,抓住“发展”的龙头,将促进沿线发展中国家早日实现工业化,以填补经济欠发达的“洼地”,实现双赢和共赢。

“一带一路”相关国家扩大相互开放,亚欧大陆各层面互联互通,在平等基础上增加合作,将为世界经济增长提供强劲的新动能。相互开放、共同发展还将推动亚欧不同文明相互学习和融合,为建设人类命运共同体奠定坚实基础。

传统意义的全球化以减让关税、建立世界市场为目标,对全球经济增长贡献在5%左右,而“开放、包容、平等、合作”的全球化通过“软硬”互联互通将使全球经济增长10%~15%。

(3)“一带一路”所体现的全球治理新思想,是中国作为发展中大国,在自身经济发展和国内治理成功经验基础上提出的创新、务实之举,既有中国发展道路的理论基础,更有中国发展模式的实践根基,操作性强,并非拍脑袋想出来的空中楼阁。

“一带一路”国际合作高峰论坛凸显了“一带一路”凝聚各国共识,得到普遍欢迎,是国际社会对中国发展道路和模式的充分肯定。

目前,全球化与“逆全球化”博弈处于十字路口,西方“经济新自由主义”日薄西山,全球治理呼唤结构性改革、新指导思想和模式。在世界政治经济格局深刻变化、全球化面临何去何从关头这一关键时刻,国际社会聚焦中国,希望从中国国内成功治理的经验中提炼全球治理的新思想、新方案。

中国深入参与全球化,经济几十年来得到持续发展,其关键是中国坚持有别于“经济新自由主义”、符合中国国情的发展道路和发展模式,并有中国共产党坚强领导、可靠有效的政治制度作为机制体制保障。这几十年,中国市场经济和政府调控两手合理并用,既坚持发展是硬道理,又确保社会公平正义。

全球化不仅是经济全球化,它必然涉及政治、安全、军事、网络、文化等许多“硬”、“软”领域。中国从自身发展经历出发,提出“一带一路”倡议,推动以普惠发展、包容发展、共享发展为内涵的新全球化,是希望通过各国各层面“互联互通”和文明融合,消除由于发展水平不同、意识形态各异、文明文化差异而产生的各种矛盾,为稳步建设人类命运共同体提供有效路径和可靠抓手。

中国人不仅在处理国内事务中做事务实、可靠、讲规矩,而且在国际秩序转换期、全球治理改革期、国际规则制定期,为世界提供“公共产品”包括“一带一路”倡议,同样务实、有效,提倡制定符合各国利益的国际规则。中国坚信,国家不分大小、贫富,需要团结合作、相互提携、和平相处,不需要对立、对抗和冲突。

全球化新时代需要“一带一路”的承载和引领,“一带一路”的成功也有赖于全球化新时代的良好国际环境。

“一带一路”倡议与人类命运共同体建设一脉相承

何亚非　外交部前副部长、国务院侨办前副主任

习近平主席2013年提出以“共商、共建、共享”原则建设“一带一路”的重大倡议，2017年初在达沃斯世界经济论坛和联合国日内瓦总部提出建设人类命运共同体的思想和实现路径，充分体现了党的十八大以来中国外交的新思想、新理念，也是中国融入全球化、深入参与全球治理并对全球治理思想和模式的转变提供中国思想、中国方案的有力佐证。

“一带一路”倡议的重要意义在于，它不仅是中国自身的发展战略，更是在全球化面临巨大的“逆全球化”和民粹主义思潮冲击的历史关口，中国对全球治理模式的创新，是中国提供“全球公共产品”的重要举措。因此，“一带一路”问世三年多来，得到了国际社会的热烈响

应，已有100多个国家和国际组织积极参与，有近40个国家与中国商签了“共建合作协议”，国际产能合作也拓展到近30个国家，亚投行、丝路基金等代表新型国际金融合作的机构在众多国家支持下得以巩固和发展。

是应对全球化挑战和实现中华民族伟大复兴的共同需要

习近平主席近年来提出的一系列全球治理的新思想、新思路和新方案，主要脉络是：建设“一带一路”；建立全球伙伴关系网络；在人类利益共同体基础上建设人类命运共同体。而其中“一带一路”建设则是共建人类命运共同体的重要途径，是“路”与“道”的关系。

在“一带一路”倡议提出的当下，全球化发展正处于历史的十字路口，其指导思想——西方推崇的经济新自由主义日薄西山，全球治理体系正呼唤结构改革、新指导思想和新发展模式。在世界政治经济格局发生深刻变化的背景下，全球化和全球治理何去何从，争论与博弈十分激烈。国际社会把目光投向中国，希望从中华文明、从各种文明交流和融合中获取新的“闪光点”。

中国在改革开放取得巨大成就的基础上，以创新、协调发展为牵引，正在构建全面对外开放的大格局、新格局，为实现中华民族伟大复兴而奋斗。建设“一带一路”的倡议，创新了全球治理和国际合作的思路和模式，其核心是中国外交所提倡的世界各国“共同发展、共同进步、共同富裕”；它为应对全球性挑战，建立“全球伙伴关系网络”，并在人类利益共同体基础上建设人类命运共同体，提供了切实可行的路径和方案。这一倡议融合了“中国梦”与“世界梦”，体现了中国国家利益和国际社会共同利益的高度一致性。习近平主席说过，“一带一路”是各国的大合唱，不是中国的独唱，是建设“百花园”，不是中国的“后花园”，其深刻含义就在于此。

将推动更加开放、包容、共享的全球化

全球化的深入发展为世界范围内资本、人员、资源、信息等生产要素自由流动，全球贸易和投资自由化的推广，提供了沃土和动能，催生了各国形成“你中有我，我中有你”的经济相互依存、文明深度融合、安全相互依赖的格局，推动了人类利益共同体的构建。纵观世界版图，各国在政治、安全、科技、文化、教育等领域的相互交流不断扩大，相互影响不断加强，利益休戚与共，没有一个国家可以“孤立”地发展，或在各种危机来临时“独善其身”。

当然，利益趋同、影响加强并不意味着从此天下太平、天下大同，全球化也不是解决各种矛盾和冲突的“灵丹妙药”，国家利益与国际社会利益错配乃至相悖的现象时有发生。由于技术革命和信息革命迅猛发展，我们生活的世界既是“平的”，更是“立体交叉”的，维护世界持久和平和经济可持续发展、有效应对全球性挑战、创造和谐美好的新世界，都需要各国进行充分、全面的合作，推

动全球化向更加开放、包容、共享的方向发展。从这个角度看，现在的全球治理确实严重滞后于全球化的快速发展。

开放、包容、共享的全球化既是“一带一路”建设希望带来的结果，也是“一带一路”建设的必要国际环境，两者相辅相成，相得益彰。

“一带一路”倡议开放性、包容性、共享性强，与以往西方资本不顾一切地逐利，整个世界成为跨国公司和少数利益集团投资场所有着根本不同。“一带一路”倡议将通过共同发展、共享发展让各国都能平等参与其中，让各国经济有更加平衡、协调、联动的发展，让普通百姓有更多、更广的参与感、获得感和幸福感。

“一带一路”的开放性和包容性从将来亚欧地区海陆两条大道之贯通上可见一斑。

亚欧建立海陆互联互通，尤其是欧亚大陆板块的畅通，将给全球化新时期的进一步发展提供十分强劲的动力。

人类命运共同体建设与“一带一路”倡议一脉相承

人类命运共同体建设是“一带一路”倡议的精神升华，而“一带一路”倡议将成为实现命运共同体、开创人类新文明的有效、可行的路径。

从目前各国事实上已结成利益共同体，到建设人类命运共同体，是新全球化时期世界各国人民的美好愿景。命运相连、休戚与共不应该仅仅停留在物质层面,或者说经济的相互依存,而应该在精神和文明的高度,树立全球公民意识,塑造天下大同的人类新文明和新世界。历史告诉我们,经济关系再密切,全球化再发展,也不能完全保证世界的长期和平与稳定。

"一带一路"倡议当中共同发展、共享发展的深刻内涵,目的就是希望通过相关国家在各个层面和领域的"互联互通"、文明融合,消除由于发展水平不同、意识形态各异、文明文化差异、国家实力不同,而产生的不平等、不公正、不公平现象,为稳步建设人类命运共同体提供有效的路径和抓手。

"一带一路"倡议的推广和落地,还将在国际新旧秩序转换期、全球治理调整改革期、国际规则重新制定期,为各国不分大小、贫富,相互提携、和平相处,防止新兴与守成大国陷入冲突对抗的"修昔底德陷阱",创造有利的区域和国际环境。

思想决定实践,实践反过来推动思想的进步。"一带一路"与人类命运共同体建设有着十分重要的共同之"道",即指导思想:超越国家狭隘的利益划分,超越根深蒂固的意识形态差异,以合作共赢的新型国际关系和全球伙伴关系网络,替代相互排斥对立的军事同盟关系和以意识形态划线的国家集团和"阵营",以和平相处、和平竞争替代你死我活的"零和博弈",走出一条新全球化时期不对抗、不冲突、相互尊重、合作共赢的新路。

全球治理并不仅仅是经济全球化的有效管理,它还涉及政治、安全、军事、网络、文化等许多"硬"领域与"软"领域。"一带一路"

建设涵盖了国际合作与全球治理的方方面面,是中国从自身成功治理经验出发,希望为世界提供全球公共产品的重大倡议。

“一带一路”倡议从具体目标来讲,主要想解决以下难题:

(1) 全球经济增长模式需要创新驱动,借技术革命日新月异之东风,以解决增长动力严重不足、原有增长模式动力耗尽的问题。

(2) 各国需要协同联动发展,着眼于共同发展、平衡发展、普惠发展,以解决世界经济长期失衡的问题,防止各国政策继续碎片化、孤立化、封闭化。

(3) 全球治理模式的调整与改革应该提上各国的议事日程,力求治理体系更加公平、公正、合理,核心是贯彻“共商、共建、共享”原则,国家无论大小、贫富均可平等参与全球治理和国际新规则制定。国强必霸定律必须打破,大国欺负小国、强国蹂躏弱国的历史必须终结。

(4) 全球发展问题需要置于全球治理的重要位置,G20 杭州峰会就此做出的决定和承诺需要得以落实。发展模式必须实现平等、平衡、普惠。目前世界范围出现的“逆全球化”,其根本原因是全球化发展成果未能惠及全民,出现了“赢者”和“输者”。

“一带一路”：开启全球化 4.0 时代

邵　宇　东方证券首席经济学家兼总裁助理

“一带一路”峰会 2017 年 5 月中旬在北京举行。峰会意在共商合作大计，共建合作平台，共享合作成果，为解决当前世界和区域经济面临的问题寻找方案，为实现联动式发展注入新能量。

在漫长的前全球化时代，从大西洋到太平洋的整个亚欧大陆，绵延着上古世界各文明形成的一个大整体——在南方有古代两河文明、埃及文明和印度文明；在西方，文明以西亚和地中海为主轴向欧洲的西面和北面展开；在东方，中华文明以黄河中上游和长江中下游为主轴向四方展开；在中间地带，伊朗文明和中亚文明连接着各个方面；在北方，游牧民族担任了传递文明信息的信使角色。这个相对平衡的格局到了中古时代的早期和中期，才被罗马帝国的扩张和新一轮的民族大迁徙、伊斯兰世界的扩张和十字军的东征所打破。

随着时间推移朝代更迭，在这诸多文明架构之上，以中国西安或者洛阳为起点，经中亚、西亚到地中海沿岸的丝绸之路，是古代和中世纪时期连接欧亚非三大洲各民族最重要的交通干线。由于欧亚大陆的特殊地理环境，横亘在中国境内的沙漠戈壁、雪山和高原成为交通的严重障碍，是整个丝绸之路最艰辛的一段。然而，欧亚内陆古代各民族并没有因为这些不利的地理环境，而与世隔绝。恰恰相反，他们反复筛选路线，甚至付出生命代价，征服了万年积雪的高山，跨过了浩瀚的沙漠，经历狂风沙暴，跋涉崎岖险途，以徒步和驼马的运载，开拓并繁荣了丝绸之路。

丝绸之路富含横跨千年的历史感，这一条穿越高山、大漠、草原，长达万里的贸易大道，一条经历无数阻隔、战乱和破坏，见证过难以细数的文明兴替的交流大道，在数千年的漫长岁月里能够始终保持通达，所经之地几乎囊括了古代世界所有最发达的文明区——中国、印度、波斯、美索不达米亚、希腊、罗马文明的核心地带。贸易和交流通路的兴盛促进了当时王朝经济的发展和繁荣，也是当时中国传统社会走向鼎盛时期的一个重要标志，更是最初荒蛮未化的前全球化时代最重要的东西交流通道。

中国较为开放的宗教、文化以及移民政策，对外国商人形成了非常强的吸引力，中华文化兼收并蓄的包容性特征得到充分体现，促进了商贸经济基础上的文化交流，进一步丰富了中华文化的内涵。不同种族、不同区域、不同性别、不同宗教团体、不同政治团体的人才思想荟萃，为大国兴起提供了源源不绝的动力。加上东南沿海的海上丝绸之路，“一带一路”就是前全球化时代最具中国烙印和普惠色彩的贸易、文化和文明交流范式。

遗憾的是明清两朝的封闭自守的对外政策，使得古代中国延续千年的对外开放几乎中断，文化、科技、经济等各个领域故步自封，停滞不前，永久性地失去了一个本来是领先的“战略机遇窗口期”。此时欧洲各国经过文艺复兴、启蒙运动后进入工业革命时代，科技水平、生产力以及综合国力超越依然依赖农业经济的中国，中国错过了与世界接轨的最佳时机。随后的全球化 1.0 大航海时代、全球化 2.0 英国和英镑殖民化时代的主导权，中国都与其失之交臂，东西方完成权力交接。

从全球化 1.0 时代，中国王师舰队的黯然退场和闭关锁国，到全球化 2.0 时代的“量中华之物力，结与国之欢心”的大分流和被边缘化，再到美式和美元的全球化 3.0 时代，中国再度奋起改革开放，全力加入全球制造业产业链和价值链，成为世界工厂，以极大的投入和代价进行和平的原始积累。1978 年开始的重归世界之旅，所取得的非凡成就被很多人归功于改革，其实笔者倒觉得“开放”可能更加重要一些。当然两者在精神上是共通的，改革是市场化导向，而开放则是更大范围和更高层次的市场化，那就是全球化，是最高层次的市场化。某种意义上改革就是对外开放，对内放开，而这无疑是中国获取成功的必要条件。

当前，上一轮全球化红利大体分配完毕，而新一轮全球化动力机制与制度框架尚未确立。虽然各方在官样文章的表述中都宣示了对完善 WTO 规则和推进新一轮多边谈判的坚持,但私下都已经通过各种双边和多边协议另谋出路,并由此形成新一轮争夺定规立制主导权的或明或暗的角力与竞合,其结果的不确定则助推了相关各方在此转型阶段特殊的焦虑和世界经济复苏形势的晦暗不明。特别是 2016 年成为“黑天鹅”之年,民粹主义崛起,以邻为壑,贸易争端一触即发,全球化处于逆转的关键时刻。这时就需要新的动力和思路来推进和维系全球化的进展。

中国提出“一带一路”倡议,一方面这标志着中国对外战略的基本态度由韬光养晦向奋发有为的积极转变;另一方面,这也是中国积极参与全球治理,力图引领区域治理的重要尝试。

“一带一路”的复兴从中华文明自身演进、同世界交往的历程来看,可谓三千年未有之变局:中华文明长期受制于北方威胁,局限于内陆。海防还是陆防,一直困扰着中国的安全格局。“一带一路”同时从陆上和海上走出去,既发挥传统陆上文明优势,又推动海洋文明发展,打通任督二脉,使中国真正成为陆海兼备的文明大国。

就近代的全球化浪潮来看,可谓 500 年未有之变局——传统全球化 1.0 到 2.0 的转变由海洋兴起,沿海地区、海洋国家先发展起来,陆上国家、内地则较落后,形成巨大的东西差距和南北问题。

而从中国对世界的贡献来看,可谓 40 年未有之变局:客观来讲,中国从全球化 3.0 中受益良多,实现了弯道超车与和平崛起,但中国始终是上一轮全球化的跟班者和接轨者。"一带一路"则是中国从"融入全球化"到"开创全球化"转变的标志。

"一带一路"倡议将带动沿线国家和地区的开发,推动建立持久和平、共同繁荣的世界。其开放性与包容性的号召方案也体现了中国作为新兴大国,在地缘关系上的睿智。对于背负着转型理想的中国而言,为了实现中华民族的伟大复兴,以重铸丝绸之路为目标的"一带一路"倡议,成了全球化 3.0 向 4.0 切换过程中第一个比较全面而主动的全球化战略规划。

特别值得注意的是,中国反复强调的是"一带一路"的开放性和包容性,这正是在吸取旧秩序的经验和教训——全球化 4.0 不是要塑造一个平行的霸权结构,恰恰相反,它只是想改进全球化 3.0中因为个别国家一股独大,"有钱任性,有权任性"导致的全球治理结构难以优化和进化的缺陷。这也是"先边缘再中心,先增量再存量"的中国自身改革经验的发挥和灵感的闪现。

中国,需要在全球化 4.0 时代再次校正国家战略,重新定义其对外利益交换的格局、可行的策略、适当的贡献,提供具有感召力的理念。

全球金融治理和“一带一路”建设互相促进

乔依德　上海发展研究基金会副会长兼秘书长

“一带一路”建设既是我国进一步对外开放的平台，也是继续推进经济全球化的重要平台。它的主要内容可以以“五通”来概括，即：政策沟通、设施联通、贸易畅通、资金融通和民心相通。就像血液给人体带来了氧气和营养，资金融通也会给整个“一带一路”建设带来活力和养分，所以它是“一带一路”建设不可或缺的重要组成部分。

资金融通涉及各方面的问题。例如，资金从哪里来？如何筹集？什么金融机构来运作？资金通向哪个领域？这些跨境的资金应该如何监测和管理？资金应该以什么货币计价和结算？对资金流入国的国际收支会有什么影响？这些问题都不是孤立的，都与一个更大的金融框架有关，也就是跟国际货币金融体系相关。因为构成这个体系的规章制定、机构设置和制度安排等无不直接或间接地规定了解决上述问题的政策、方法和途径。

第二次世界大战以后，布雷顿森林会议建立了以解决国际收支问题为宗旨的国际货币基金组织（IMF）和以提供开发援助为宗旨的世界银行，同时以金汇兑形式确立了美元的主导地位。虽然在20世纪70年代初，美元与黄金挂钩、其他货币与美元挂钩的双挂钩金融安排已经破局，但是美元占主导地位的局面并未改变。应该承认，这样一个全球货币金融体系对于“二战”后全球经济贸易的发展，对于推动经济全球化是起了积极作用的。

但是同时，我们也应看到，它也存在着一些缺陷。例如，发展中国家代表性不足、防范金融风险能力不够、包容性缺乏等。在全球金融危机以后，各国和国际社会进行了一系列努力，旨在改善全球金融治理，消除或减缓上述种种缺陷。例如，二十国集团（G20）在2010年的峰会上通过了IMF份额和治理改革方案。经过一系列曲折和反复，该方案终于在2015年得到实施，包括中国在内的发展中国家的投票权有所增加。但这是远远不够的。特别是，该体系的根本缺陷，即一国的主权货币充当了全球的信用货币，并未得到改变。该国货币当局（美联储）只会从本国经济需要出发来决定货币政策，这样的政策有可能与全球的经济需要产生冲突。这也是造成全球金融危机的深层次原因。

资金融通是“一带一路”建设本身所要求的。

首先,“一带一路”倡议的重心是基础设施建设,沿线国家对于基础设施投资有着巨大的需求,而“一带一路”途经国家多为发展中国家,大多没有充足的国内储蓄,不能解决基础设施投资所需资金的问题。根据亚洲开发银行的预测,未来10年亚洲基础设施投资需要8.22万亿美元,即每年需要新增投入8 200亿美元基础设施建设资金。

其次,“一带一路”倡议也引发了巨大的产能合作融资需求,为我国企业“走出去”、产业转型升级创造了机会。

再次,“一带一路”倡议还衍生了其他融资相关需求,包括与沿线国家金融机构开展金融合作、金融产品创新等方面的需求。

如此大规模的跨境融资需求其本身就有进一步完善全球金融治理的动因,同时它又为进一步改善全球金融治理提供了一个新的机会。随着经济全球化的进程,在过去一二十年,包括中国在内的发展中国家有了很大的发展,它们在全球经济中所占的比重也已超过50%。为了打破这样一种经济格局和现有国际金融机构话语权的不对称,诞生了一系列新的国际金融机构,如亚投行、金砖国家新开发银行、应急储备基金(CRA)等。它们可以在“一带一路”当中发挥非常积极的作用。在这个过程中,这些新的金融机构本身也能得到发展。这样对现有的国际金融机构是一个很好的补充和有力的促进,能够使得国际货币金融体系更为公平、更有包容性。

在资金融通中涉及资金结算的问题。现在“一带一路”沿线一些国家已经开始使用本币结算。这就减少了对美元的过分依赖,有利于减缓外部的金融冲击。这样的货币多极化既反映了客观需要,同时也可能是全球货币体系演变的趋势。一般认为,在中期(15~20年以后)很可能会出现三足鼎立的储备货币,也就是美元、欧元和人民币为主要储备货币的体系。

"一带一路"资金融通的巨大需求也会扩大人民币的跨境使用。2016年10月,人民币正式纳入SDR(特别提款权)货币篮子,提高了人民币的国际地位。IMF最新公布的数据显示,以人民币计价的外汇储备资产已经达到845.1亿美元,占全球外汇储备资产的1.07%。尽管比例不大,但已是很好的起点。随着"一带一路"建设的进一步开展,人民币进一步跨境使用也指日可待。历史有时会给人们一些启示:尽管布雷顿森林体系确立了美元的主导地位,但这个主导地位真正起作用却主要是由于马歇尔计划的推动。毫无疑问,"一带一路"建设和马歇尔计划的本质是完全不同的,但这也是一个跨国的经济计划,有可能为人民币国际化创造更好的条件。

"一带一路"建设使沿线国家,特别是发展中国家受益。"一带一路""五通"的实现,有利于提高沿线发展中国家的经济实力,使它们的金融市场更加完善,经济更有韧性,更能抵御外部冲击,从而对稳定全球金融体系起到积极作用。

以上讲了"一带一路"建设将有利于全球金融治理改革,反过来,全球金融治理改革又将推动"一带一路"建设。

现在IMF正在进行第十五次份额评估,预期发展中国家的投票权和发言权将会获得进一步增加。另外,全球金融危机以后,作为改革全球金融治理的一个重要部分,全球金融安全网建设正在加强。全球金融安全网包括自我保险(储备资产)、双边融资机制(央行货币互换)、区域融资安排(RFA)和IMF多边融资机制等部分,IMF在其中起到主导作用。去年IMF与《清迈协议》参与方进行了第一次防风险的操练,这将加强IMF与RFA之间的合作。

全球金融安全网的加强对"一带一路"的资金融通起到了保护网的作用。最近,国际金融界对跨境资金的监测和管理给予高度重视,这也可说是全球金融治理的一个部分。跨境资本包括外商直接投资(FDI)、证券投资和其他投资。其中,FDI对接受国是非常有利的,同时它对利率变化的敏感度比较小。在其他两类别中,也有一些超过一年的融资,对利率变化也不敏感。去除这部分的资金以后,我们可以把剩下的部分定义为会快速移动的资本(QMC),它们对发展中国家的冲击较大,需要给予足够的重视。正如周小川行长在两会新闻发布会上所述,把资金分成实体性的投资和金融性的资金流动,对跨境资本进一步分类、监测和管理,无疑将有利于"一带一路"中的资金融通。

总而言之,就其本质而言,全球金融治理结构改革和"一带一路"建设是可以相互促进的。关键在于我们应该认识到这一点,并以以市场为基础的政策主动引导两者相互促进,共同获利。

“一带一路”将如何重塑全球新经济

陈文玲 中国国际经济交流中心总经济师、执行局副主任、学术委员会副主任，国务院研究室原司长

中国古代先贤老子说：“道生一，一生二，二生三，三生万物。”“一带一路”重大倡议自 2013 年提出三年以来，从无到有，由点及面，取得了长足进步，形成的共识、取得的进度和成果都大大超出预期。目前，沿线国家和地区以及联合国等国际组织态度积极，100 多个国家和国际组织参与到“一带一路”建设之中，亚投行成员国家数量已达到 70 个，中国已与 56 个国家和区域合作组织发表了对接“一带一路”倡议的联合声明，签署了共建“一带一路”合作备忘录或协议，与 20 多个国家开展了国际产能合作，连接中国与欧洲大陆的“中欧班列”累计开行超过 5 000 列。

这说明，在浩浩荡荡的经济全球化浪潮中，顺之者昌，逆之者亡，得道多助，失道寡助。经济全球化是不依

人们意志为转移的、不可逆转的、持续演进的客观进程。“一带一路”建设既是经济全球化的产物，也是推动经济全球化的加速器。习近平主席指出：“经济全球化是社会生产力发展的客观要求和科技进步的必然结果。”“一带一路”正反映出不可遏制的经济全球化内在动力。

第一，“一带一路”体现出新全球化中的两种基本经济形态：实体经济与虚拟经济，这两种基本经济形态是现代经济发展并驾齐驱的两个轮子，成为经济全球化的趋势性特征。

“一带一路”通过推进互联互通，包括软硬基础设施联通，链接那些被割断或阻隔的经济关系，平衡两种基本经济形态的关系，使之进入完全的、内生的“全球化”进程，在这样的世界，传统意义上的诸多“边界”日渐削弱甚或消失。

观察全球经济形态演化的历史，可以清晰地看到：从农耕社会到工业社会，其基本经济形态是实体经济，进入后工业化阶段，在原来实体经济发展的同时，服务经济、信息经济、智能经济、生态经济交互发展，推动现代经济形成两种基本经济形态——实体经济与虚拟经济。世界经济从以实体经济为主的工业文明时代，进入实体经济与虚拟经济共同构成的知识经济时代，人类社会赖以生存和发展的经济基础、技术基础、社会形态和上层建筑都在经历着一场伟大重塑。实体经济与虚拟经济两种基本经济形态并驾齐驱，互为表里、互为作用、互为溢出和转化的能量，导致有形要素禀赋与无形要素禀赋共同进入流通，有形市场与无形市场日益融合，有形国界与无形国界日益交错。

因这两种基本经济形态发展导致的现代经济形态的演化，使当前和未来的经济全球化正在从沿着单向轨道前进，转而成为在双向轨道上加速前进。当前逆全球化思潮能否使全球化进程倒转，这是人们担忧的一个现实问题。逆全球化的思潮和行动，或许会暂时对这个历史进程产生破坏或切割，但最终阻挡不了经济形态演化所产生的全球化趋势。从这个意义上说，"一带一路"既适应了现代经济的两种基本经济形态的变化，也推动两种基本经济形态平衡发展。

第二，"一带一路"体现出新全球化中的经济表征：呈现万物互联的网络状态并形成网络体系，以大数据化、高度智能化、强融合化、移动化和泛在化，推动全球经济社会呈现更紧密的联系。

"一带一路"建设在全球新经济表征——网络状态和网络体系的链接中，可以使更多国家和区域进入越来越完善、畅通、有序的网络状态和网络体系。

一个国家、一个城市、一个领域网络状态和网络体系越密集、越完善、越顺畅，其产生的集成、集疏、集散、集约功能就越强，共享发展的机遇和程度就越大。这种网络状态与网络体系一旦被切割或呈碎片化，网络体系中的节点、环节或单体将失去其显在或潜在价值。"科学技术是第一生产力"，是生产力发展中最具活力的部分，是全球化的动力之源，科学技术水平的高低，决定着全球化发展规模的大小和速度的快慢。"一带一路"有力推动互联网革命与物联网发展,提高沿线国家和地区,乃至全球的经济互联性,加快产业和要素跨国界流通的速度,成为直接驱动全球范围社会生产力与生产关系变革的内在动能。

随着携手共建“一带一路”的推进,互联网与物联网革命带来的新经济表征将得到凸显,以云计算、大宽带、大数据、移动互联网等新一代信息技术为支撑,以全球范围内个人电脑、智能手机等设备普及为基础,以实现智能化识别、定位、跟踪、监控与管理为保障,以可扩展性、可移动性、泛在性、异构性、复合性、增值性为特征,率先在沿线国家,进而在全球形成跨国界发展的新经济,呈现万物互联的网络状态。不仅在一个国家和地区,推动形成跨国发展的互联网、物联网的链接,更推动实体经济表征也呈现出网络状态,诸如高铁网、公路网、航空网、管道网、港口网、店铺网、自贸区网络体系等。“一带一路”加快构建万物互联的网络状态与网络体系,通过互联网、物联网的软联通和高铁网、公路网等实体网络的硬联通,推动各国经济乃至全球经济社会呈现更紧密的联系。

第三,“一带一路”体现新全球化中的经济链接:产业链、供应链、服务链、资金链和价值链等,这些虚拟链条较之过去的组织形式具有更大的黏性和融合度。

中国倡导并与相关国家推动的“一带一路”建设,是顺应经济全球化在科学技术和社会生产力发展到更高水平,各国经济相互依存、相互渗透程度增强,阻碍生产要素在全球自由流通的各种壁垒不断削弱,经济运行的国际规则逐步形成并不断完善的必然产物。“一带一路”不仅通过提供新技术手段实现对生产以及生活方式等诸多领域的影响和渗透,而且通过产业链、供应链、服务链、资金链和价值链等协同互动发展,创造新的生产模式、管理模式和服务模式,实现更深层次的融合发展。

从全球看,在产业,特别是制造业存在关联的状态上,形成了一种链状的链接,从制造业来看,其产业形态已不局限于原来的一条生产线、一个工厂或者某几个工厂的联系或叠加,而是没有任何产权关系的产业链等虚拟链条的链接,这些虚拟链条比传统的组织和实际关联更具有黏性。这种经济链接成为现代产业特别是现代制造业的链接方式,这种产业之间的链接关系一旦形成,将产生直接冲破国界和行政区划的内在动力。

供应链的链接、服务链的链接、资金链的链接和价值链的链接,之所以能成为一个链,就是因为在现代流通中,信息作为一种特殊要素禀赋进入流通,成为流通中的最大变量。信息所含的与其他商品不同的一个规律是,一般商品完成交易过程进入消费端的时候,就走到了自身的终点;而信息成为流通中的要素禀赋后,它被交易的次数越多、被使用的次数越多、被消费的频率越高,信息流通对我们来说产生的价值就越高。或者说,信息的价值是随着它在流通过程中被交易或消费的频率的增加而增加的。

通过更多的国家和地区参与“一带一路”建设,促使若干产业变成跨国界、跨区域、跨产业的链状链接或组合,既使市场呈现出潜在爆发力,也使信息加入流通产生巨大变量,促进产业跨国界或跨区域实现更优组合。这种力量导致在“一带一路”沿线国家和地区,全球产业链、供应链和价值链不断优化调整。这是一种内在的需求和选择,任何行政力量或者思潮都奈何不了,人为地进行干预或阻挡,只能如“螳螂当车”,被浩浩荡荡行驶的车队所“碾压”。

第四,“一带一路”体现出新全球化中的新经济主体:跨国公司、若干大数据集成系统、平台经济、体现消费者个人主权意识的市场集成组织,具有更大的跨国发展的新动能。

“一带一路”建设为新业态、新经济主体提供了更为广阔的发展空间,这些新经济主体具有强大生命力,将成为跨国界发展的主力军。原有的跨国公司继续成为全球性企业主体,既是全球化的产物,又是全球化的推动者,为经济全球化提供了适宜的企业组织形式。跨国公司可以在“一带一路”建设中发挥更大的跨国经营能量,在全球范围内利用各地的优势组织生产,促进各种生产要素在全球流通和国际间分工,并由此极大地推动经济全球化进程。

其面向“一带一路”进行的全球性采购体系、营销体系、研发体系、生产体系,成为利用全球资源、全球市场、全球比较优势发展的先行者。在跨国公司成为经济全球化主体的同时,大数据集成系统、平台经济、体现消费者主权意识的市场集成或更多自由创业的个人,这些迅速发展的新经济主体,成为经济全球化的加速器或催化剂,成为“一带一路”建设的新能量。

如大数据集成系统,正在以前所未有的速度增长和不断产生累积效应,使数据不再仅仅是动态记录的过程,而成为独具价值和增值价值的资源，并逐渐成为直接交易物进入流通。信息流通由桌面互联网向移动互联网转变，成为“泛在互联网”，促使在任何时间、任何地点、任何人、任何要素禀赋都能顺畅地快速流通，而大数据集成系统的本质特征是泛在和跨界，这种新经济主体跨国界的能量，高于由人组织而成的传统企业组织所具有的。

再如平台经济，也快速发展成为一种新经济主体。这种跨领域、跨行业、跨业态、跨国界的新经济的平台经济，具有极强的生命力与竞争力，具有准公共服务的功能，在参与“一带一路”建设中，其规模越大，服务功能越强，平台经济成为跨国界的消费者集成、生产商集成、供应商集成、市场集成的力量就越强。

第五，“一带一路”建设催生新全球化的贸易形式：E国际贸易将成为体现普惠、智能、高效、便利的下一代贸易方式，将渐次与一般贸易、加工贸易、边境小额贸易和采购贸易融合。

E国际贸易方式在“一带一路”建设中的应用与发展，将大大快于其他国家和地区，大大快于传统贸易方式，而传统贸易方式，或者渐次被融合、替代，或者演化为下一代贸易方式。

经济全球化的显著特征之一，是生产的全球化、贸易的全球化、金融的全球化、投资的全球化和消费的全球化。其中，特别是贸易的全球化，使国际贸易成为世界经济发展的火车头，加强了资源和生产要素在全球范围的合理配置，加快了资本和产品在全球流通，促进了科技在全球性的应用或转化，有利于促进不发达地区经济的发展。

国际贸易方式中的一般贸易、加工贸易、小额边境贸易和采购贸易等传统贸易方式，已经被各国采用。随着中国与相关国家跨境电子商务的发展，国际贸易正迅速被 E 化，向着下一代贸易方式——E 国际贸易演进。以科技革命和信息技术发展为先导，E 国际贸易将涵盖生产、流通、金融、投资等各个领域，将囊括世界经济和与世界经济相联系的各个方面及全部过程。

E 国际贸易的发展，又将推动国际分工从过去以垂直分工为主转变到以水平分工为主的一个新阶段；使国际资本流通达到空前规模，金融国际化的进程加快；促进世界市场的不断扩大，使国际分工更加深化，各国可以从事能获得最大限度比较优势产品的生产，促进产业的转移和资本、技术等生产要素的加速流动，从这个意义上说，E 国际贸易——下一代贸易方式形成的过程，既是一个全球性制度变迁和相关国家政策沟通协调的过程，也是一个既相互竞争，又相互融合渗透的过程，由于中国在 E 国际贸易的领先优势，必将通过"一带一路"沿线贸易的 E 化，率先在这一范畴内形成更为便利和自由的下一代贸易方式，跨境电商将成为一种历史过渡形式。

E 国际贸易作为下一代贸易方式，将使国际经济关系更加复杂，要求以往的国别关系、地区关系发展为多极关系和全球关系，并要求强化国际经济发展的协调性与经济政策的趋同性，导致一系列全球性新经济规则的产生，国际组织、区域组织经济的作用更加重要。"一带一路"建设中，随着 E 国际贸易的发展而诞生的这些新经济规则，将这些复杂的经济关系简单化、趋同化和平台化。

“一带一路”需关注国际税收问题

李旭红 北京国家会计学院财税政策与应用研究所所长

2017年5月,我国召开的“一带一路”国际合作高峰论坛及颁布的《推动丝绸之路经济带和21世纪海上丝绸之路能源合作愿景与行动》进一步推动了“一带一路”建设。由于“一带一路”涉及多个国家及地区,因此其中涉及的国际税收问题值得关注。

谈到国际税收,人们通常会认为是指本国税收以外的税收。其实这是一种误解。国际税收需要建立立体化思维,至少应包含三个部分:一是本国税收中涉及境外所得以及进出口货物或劳务的税收问题;二是“一带一路”涉及的东道国的税收问题;三是国与国之间的税收问题。

本国税收中的跨国税收问题

具体而言，这部分税收问题既涉及所得税，也涉及流转税。就所得税而言，由于居民全球纳税义务相关原则的存在，一个中国的居民企业或居民纳税人在“一带一路”建设中“走出去”后，即使在境外获得所得，也需要在中国负有全球纳税义务。为了避免重复征税，根据国际惯例，通常会采用抵免法或免税法，而中国主要采用的是抵免法，即在国外已交过税的所得按中国的税法计算后可以扣除境外已缴纳的部分，但是，这是一种限额扣除的概念，因为，由于境外的税负有可能比中国的税负要高，则有可能扣除了境外已纳税部分后中国的应纳税额为负数。那么对于以上情况，我国是不退税的，仅允许5年的抵免期，并且不同国家间的所得不可盈亏相抵，即所谓的“分国不分项”抵免。

除了境外所得，进出口货物或劳务还涉及增值税及消费税的相关问题。

进口环节，通常由海关代征进口环节的关税、增值税及消费税。我国即将关税立法，但关税税则非常详细，至于哪些情况征收关税，哪些不征收，具体征收多少，均与国际贸易及国际经济密切相关，而以上关系必然与外交关系相关。进口环节的增值税及消费税按照目的地原则，进口货物或劳务与我国的货物或劳务缴纳相同的税收以示公平。而出口的货物及劳务则主要涉及退税的问题。跨国贸易中为了避免重复计算增值税,通常按照目的地原则或消费地原则,出口环节按照不含税的价格出口,也就是我们所说的零税率,而商品抵达目的地后与东道国征收同样的税收。

但是,如果要实现零税率,则需要出口环节销项免税,而进项给予退税。在此进项是指为了生产相关的出口产品所购买原材料等进项时,由于材料供应商需要履行中国的纳税义务,因此,出口商在购买时实际上已经负担了相应的进项税金,可是出口商品或劳务的销项税免税,则进项税金无法抵扣,只能通过退税的手段以保证零税率。

我国货物的出口退税制度相对成熟,包括“免抵退”等制度,但是出口劳务的退税制度还在探索阶段,从 2016 年 5 月我国全面实现“营改增”以来,仅有研发、设计等有限的劳务允许采用零税率的制度,其他大量的出口劳务仅能采用免税制度。免税与零税率制度具有较大的差异,本质的区别在于零税率负担更低的税金成本,因为其国内购进的进项税金是可以退税的,税金成本不需要沉淀,但是免税则无法实现这一点。

当然,我国对于出口劳务的增值税退税制度相对谨慎的一个原因在于,由于劳务是无形的,因此在进口环节对劳务征税比对货物征税更困难,当一个国家无法完全征税时,仓促进行退税,最终会损害本国的税收利益。

但是,另一方面,我们也需要看到,在“一带一路”“走出去”的企业中有相当部分是工程企业,它们到海外去进行工程承包、建设,而目前我国对于建筑劳务仅是规定了免税政策,还无法实现退税。此外,即使是免税政策,对于海外工程的分包及总包也是有差异的,总包通常能够实现跨境的合同、境外支付及海外施工这三个主要的判断境外免税业务的要素,但分包通常仅能保障海外施工,而合同及支付均与境内的总包相关,因此,在判断是否免税时通常会遇到一定的困难。

“一带一路”东道国的税收问题

“一带一路”的战略部署横贯亚洲、非洲及欧洲。根据官方数据,目前中国企业已经在20多个国家建立了56个经贸合作区,为有关国家创造了近11亿美元的税收和近18万个就业岗位。

为何“一带一路”能够给相关的东道国创造税收?因为,税收是国家财政收入的主要来源,也是每个国家主权的体现。因此,每个国家的税法相对独立,即每个国家的税法是不同的。所以,我国的企业“走出去”后,需要适应不同东道国家的税法,在东道国履行相应的纳税义务。

但这对于我国“走出去”的企业而言,是一个严峻的问题,主要原因在于缺乏具有丰富经验的国际税收人才。

首先,“一带一路”每涉及一个国家便需要熟知东道国的税法的税务人才。而目前我国企业的财务人员通常需要身兼多职,税务仅是在报表、核算、投资等其他业务以外的兼职。如果还需熟知多国税法，困难很大。

其次，每个“一带一路”涉及国家的语言不同，有不少是小语种，在语言上也给我国的税务人员带来了困难。

再者，税收相关的问题不但涉及内部的管理，还涉及外部的交流，例如纳税人与当地税务机关的交流。“一带一路”所涉及的国家既包括市场化法治化已经相对健全的国家，也涉及税制相对简单一些的国家。每个国家的税收遵从成本不一，因此纳税人与税务机关沟通的时间成本不一。当然，每个国家的人文、宗教、社会背景不一样，其纳税环境也就存在差异。因此，在如何与外国税务局沟通方面，国内企业通常会采用聘用外国中介机构的方式。但是，“一带一路”建设的过程也是发展和壮大我国企业及人才国际化的过程，我们决不能完全依赖于外国中介。

国与国之间的双边及多边税收协定

在中国与东道国的税法以外，“一带一路”需要考虑的第三个国际税收的维度，便是税收协定。

目前，我国签订的多边税收条约包括《多边税收征管互助公约》以及《金融账户涉税信息自动交换多边主管当局间协议》。此外，我国与 102 个国家和地区签订了避免双重征税协定，涵盖了“一带一路”所涉及的国家和地区。税收协定主要涉及所得税，对于居民、常设机构、不动产所得、营业利润、股息、利息、特许权使用费、独立个人劳务、非独立个人劳务等方面均有详细的规定。

税收协定对“一带一路”“走出去”企业及个人避免重复征税起到积极的作用。以“走出去”企业的个人劳务为例，根据我国与新加坡的税收协定，缔约国一方居民个人由于专业性劳务或其他独立性活动取得的所得，应仅在该缔约国征税，而“专业性劳务”包括独立的科学、文学、艺术、教育或教学活动，以及医师、律师、工程师、建筑师、牙医师和会计师的独立活动。我国“一带一路”“走出去”的企业中除资本输出外，有相当一部分是劳务输出，而技术劳务输出的占比在上升。根据我国与一些国家的税收协定，专业性劳务只需在母国开具税收居民证明，便可仅在该缔约国纳税，这大大地方便了我国“一带一路”“走出去”企业的技术人才。除技术人才外，非独立个人劳务也有相关的规定。

但是，在双边税收协定中，不同缔约国之间约定的预提所得税的税率是不一样的，因此，还需要考虑在母国与东道国之间是否需要设置平台公司，以及在哪些国家或地区设立平台公司等问题。

总而言之，“一带一路”的发展战略将会为我国带来更多的新机遇，而国际税收将会发挥更为重要的作用。

共建丝路绿色经济带,破解中亚咸海危机

徐海燕　复旦大学国际问题研究院俄罗斯与中亚研究中心副教授、复旦大学能源经济与战略研究中心副主任

中亚不仅处于“一带一路”倡议的丝绸之路经济带的核心枢纽位置,具有从内陆贯通亚欧大陆的地缘区位优势,它还是重要的能源开发基地和潜在的粮食生产中心。然而鉴于众所周知的咸海危机,笔者认为,只有在中亚大规模农业现代化进程中通过灌溉方式的彻底变革,“退水归海”,治理好咸海,这一地区才能得到绿色的可持续发展。

笔者建议建立中国-中亚相关专家合作机制,组织国内专家并邀集中亚有关专家,就中亚农业现代化开发、新能源开发、缓解咸海危机三个方面开展务实的科学研究和综合调查,制定出切实可行的实施方案,致力于合作建成绿色丝路经济带。

绿色丝路经济带建设需直面咸海危机

中亚是一个生态环境比较脆弱的地区,咸海危机是引起世界广泛关注的环境问题。

咸海流域原本是一个以物种多样和物产丰富而著称的地区,这里孕育过花剌子模文明,演绎过长达数百年的中亚"昭武九姓"与我国的文化、经济交流。这里曾是丝绸之路上富饶的中转"驿站",在苏联时期还一度成为苏联的"棉库"和"粮仓"。由于苏联政府对咸海流域粗放式的农业开发,消耗了约85%的阿姆河及锡尔河(下称"中亚两河")的径流水量,导致注入咸海的水量减少到原来的1/5,咸海的水体容积减少到原来的1/14,而水体的含盐度却提高了24倍,约50种动植物物种濒临灭绝,曾占苏联1/6捕鱼产量的渔业也随之凋零。

咸海的不断萎缩,造成了550万公顷的咸海荒漠,成为中亚盐碱沙尘暴的源头,每年将约1亿吨带有农药残留物的盐碱沙尘卷入大气层,撒向周边,污染农田、草原,并飘向远离咸海的地区,成为公害,被国际上认定为"咸海危机"。

咸海危机对丝绸之路经济带建设具有负面影响。丝绸之路经济带是一个实体经济带,咸海危机严重制约着中亚优势资源的开发,阻碍丝绸之路经济带建设:

(1)"咸海盐碱沙漠"的存在造成了严重的生态危机。盐碱沙尘暴在咸海流域吞蚀了200多万公顷良田，使草原生态恶化，大量盐碱颗粒落入农田，使耕地出现高度盐碱化。沙尘暴还极大降低了农作物的光合作用，影响农业收成。中亚丰富的耕地资源是丝绸之路经济带极为宝贵的可持续利用资源，在国际粮食危机日益逼近的今天显得更为宝贵，其开发却直接严重受制于咸海危机；中亚丰富的风能、太阳能资源是中亚油气和核能等可竭尽资源最为理想的替代能源，它们的开发同样受到咸海危机的牵制，沙尘暴不仅直接严重损坏风机和太阳能组件，其携带的盐碱也对其有腐蚀作用。强沙尘暴还会损坏风机、掀翻太阳能电池板，甚至造成塔倒线断。

（2）咸海危机影响到“五通”的实施，丝路经济带中的各种交通线路、通信设施、电力电网、油气管道的地面设施等无不处于沙尘暴的袭击之下。哈萨克斯坦的“光明之路”也将受到影响，就“双西”公路而言，其所路经的江布尔、南哈萨克斯坦、克孜勒奥尔达等州都是咸海危机下的环境重灾区。

（3）咸海危机已开始由自然界的生态层面向社会层面转化。咸海趋于干涸使愈演愈烈的中亚水资源分配纠纷变得更为激烈，影响到丝绸之路经济带的社会环境稳定。

咸海治理引起了世界的广泛关注，但治理效果甚微。2014年10月28日“缓解咸海地区生态危机国际合作会议”在乌兹别克斯坦举行，签署了近30个文件，援助资金30亿美元。1993年1月，乌兹别克斯坦、哈萨克斯坦、土库曼斯坦、吉尔吉斯斯坦和塔吉克斯坦五个中亚国家成立了“拯救咸海基金会”，在世界银行、联合国和亚洲开发银行的帮助下，实施了若干专项治理计划，2011—2015 年涉及大小工程项目约 300 个，资金投入累计约 85 亿美元。但除北咸海见到较显著效果外，总体上效果甚微，尤其是处于乌兹别克斯坦境内的东咸海每况愈下。

尽管咸海治理早已引起世界各国的广泛关注，但时至今日“咸海危机”依然如故，寻求咸海治理的根本途径已是当务之急。

咸海危机是中亚生态环境的重大问题，也是丝绸之路经济带建设中最大的生态环境短板，亟须在共建丝绸之路经济带的框架下寻找治理咸海的新途径。

中亚农业现代化是治理咸海的必由之路

关注咸海问题的专家学者们一致认为，要恢复咸海原有水域和生态，最根本的办法就是加大注入咸海的水量，并就此提出过各种开源引水与节制用水的方案。在开源引水方面，出现过“引里济咸”、“北水南调”、“南水北调”等方案。

向一个高蒸发地区输送海水，实际上是在向其不断投入盐分，加之工程量特别巨大，因而“引里济咸”方案是不可取的。而“北水南调”不仅工程难度惊人，且从鄂毕河上游取走约为其入海径流量四分之一的水，对其全流域造成的生态环境危害是难以估量的。此方案在正式宣布执行两年后，又宣布停止实施。“南水北调”自印度河取水,印度河的水量约为鄂毕河的二分之一,生态问题会更加严重。各种引水方案不具备现实可行性。那么,拯救咸海的出路何在呢?

笔者认为,出路在于“退水归海”。

导致咸海不断萎缩的原因不是中亚两河缺水,而是粗放式的农业开发导致两河径流量的滥用和流失。只有实现高效节水(精准灌溉)农业,走农业现代化之路,才可将大量浪费在大水漫灌、渠道严重渗漏和大田蒸发上的农业用水重新“聚集”起来,让其按自然属性归流咸海,遏制住咸海的萎缩,这就是“退水归海”。

实施“退水归海”的依据在于:

(1) 基于遥感图像的科学解读。苏联学者叶谢诺夫等曾得出按“枯水年”来管理正常年份的水资源利用,即可减少 300 亿立方米的农用水损失的结论,具有较高的可信度;

(2) 2003 年中国新疆建设兵团在塔吉克斯坦进行过“膜下滴灌技术”示范实验,与当地常规灌溉方式相比,节水 60%。咸海流域用于农田灌溉的水量约为 800 亿立方米,若能在 2/3 的耕地上推广膜下滴灌技术,则可节省农用水 320 亿立方米。这两项即可节制用水 620 亿立方米,已超过 20 世纪 60 年代初咸海尚未萎缩时中亚两河注入咸海的 560 亿立方米水量;

(3) 按较为保守的估计,中亚两河流域的可采地下水为 100 亿立方米,结合膜下滴灌技术,可发挥 250 亿立方米的灌溉效益。

以上三项合计 870 亿立方米,如能实现注入咸海,那遏止咸海萎缩、逐步恢复其往日水域，是有希望的。

并且，“充盈—干涸—充盈”是咸海演化史上存在的周期现象，是其水文变化常态。2013 年 6 月 23 日，俄罗斯科学院海洋研究所副所长吉亚维罗夫在该院主席团会议上郑重宣布“咸海已趋于稳定，水量已达到平衡”。这预示着咸海即将进入下一个充盈期，“退水归海”正赶上好时机，是对这一自然过程的顺应和适从。

而只有农业现代化才能推动全面实施“高效节水农业”，才能使“退水归海”得以实现，因而中亚农业现代化与咸海治理是统一的。

“三点支撑”助力建成绿色丝路经济带

怎样能建成可持续发展的绿色丝路经济带?

中亚农业现代化、可再生能源开发和咸海治理这三者是相互依托、互为支持的。它们的相互作用，构成对建成绿色丝绸之路经济带的有力支撑，不妨称其为丝绸之路经济带建设的“三点支撑”。

但要能平稳地支撑起丝路经济带的建设发展，这三点必须同步协调。如有一方失调，就会造成紊乱：如农业节水跟不上，咸海治理就会受到影响，可再生能源开发就会受到沙尘暴的影响；如可再生能源开发跟不上，打井和膜下滴灌就会缺乏动力支持，节水就会受到影响，咸海治理也跟着受影响；如咸海治理跟不上，恶劣的生态环境直接使可再生能源开发和农业生产都受到影响。它们之间的协调稳定是一个关键。

咸海问题是当前丝路经济带国家面临的一个突出的生态环境问题,也是建设绿色丝路经济带的最大障碍,因此笔者认为对咸海危机的治理应该成为绿色丝路经济带建设议程上的一个具有优先性的问题。

"三点支撑"的理论模型具有重要的政策含义。它为中国-中亚的次区域合作开辟了新的途径。它能够促使中亚两河流域耕地的再次开发和农业现代化建设,有利于将中亚建设成具有跨地域影响的"粮仓"和"棉库",将助力化解世界粮食危机。与此同时,它将有效缓解咸海危机,推动咸海流域的生态环境治理。

它也为中国-中亚的科技合作带来了新的机遇,将推动新能源、节水农业、生态农业、地下水开发,以及可再生能源开发等高新科技领域的深层次合作;膜下滴灌技术设备、地下水开发设备,以及新能源开发设备的出口,将大幅提升中国-中亚贸易额,优化贸易结构。地下水的开发和节水灌溉技术的推广,将大幅减少中亚两河下游国家的农业用水需求,将使中亚两河上下游国家的水资源纠纷大为缓解,有利于中亚社会的稳定。

中国也将从该次区域合作中受益良多。如果中国与它的中亚伙伴能设计出建立在"三点支撑"理论模型基础上的政策,也将有利于中国农业"走出去"战略的实施。中亚可再生能源的开发,将会把中国"西电东输"工程的起点西移至中亚,构筑起"中亚-中国新疆-河西走廊”新能源带。

笔者建议,中国在对新丝绸之路建设的规划中,应通过与中亚国家的积极对话与合作,扩展已有的“中哈两国总理会晤”、“中乌政府间合作委员会科技合作分委会会议”的讨论议题,建立新的国家间的合作对话机制,建立中国-中亚相关专家合作机制,组织国内并邀集中亚有关专家就中亚农业现代化开发、新能源开发、缓解咸海危机三个方面开展务实的科学研究和综合调查,制定出切实可行的实施方案,致力于合作建成绿色丝路经济带。

中美在"一带一路"框架下的合作大有可为

赵明昊　中共中央对外联络部当代世界研究中心研究员

2017 年 4 月，习近平主席与美国总统特朗普成功举行首次会晤。双方不仅建立了全面经济对话等四大高级别对话机制，还针对缓解经贸摩擦、拓展务实合作制订了"百日计划"。尤其值得一提的是，习近平主席表示欢迎美国参与"一带一路"框架内合作。这为中美两国围绕地区基础设施建设等展开更多良性互动提供了想象空间。如果美国方面能以某种形式参与"一带一路"合作，将有助于未来一个时期打造"一带一路"的升级版，并且为中美关系的健康稳定向前发展集聚正能量。

美国是“一带一路”建设的利益攸关方

“一带一路”倡议提出三年多来，已经取得了一系列重要进展，同时也凸显出一些问题，特别是如何处理好“沿线国家”与“相关国家”的关系。

应该说，美国虽并不位于“一带一路”沿线，却是不容忽视的“相关国家”。比如，在“一带一路”沿线国家中，有20多个国家有美国驻军或与美国存在军事同盟关系；美国16个“非北约盟国”中有超过10个处于该区域，如巴基斯坦、阿富汗、澳大利亚、埃及等。随着“一带一路”建设不断向西扩展，将有不少项目牵涉北约成员国。显然，美国在相关国家中的政治和安全影响力不可低估。

此外，美国也提出并推动了一些地区经济一体化方案，如“新丝绸之路”、“印太经济走廊”、“亚太全面能源伙伴计划”、“湄公河下游倡议”等，这些方案如何落实，也将对“一带一路”建设带来一定影响。早在克林顿总统执政时期，美国政府就提出过“丝绸之路”计划。1999年5月，美国国会通过了《“丝绸之路”战略法案》，旨在帮助冷战后新独立的中亚和南高加索地区国家强化与外界，特别是欧洲的经济联系。2011年9月，时任美国国务卿的希拉里·克林顿正式提出“新丝绸之路”计划，旨在推动中亚和南亚国家之间的经济一体化进程，并为应对阿富汗问题增添更多的经济动力。

希拉里曾生动描绘了“新丝绸之路”的愿景:“土库曼斯坦的气田将能满足巴基斯坦和印度不断增长的能源需求,并为阿富汗和巴基斯坦提供可观的过境收入。塔吉克斯坦的棉花将运往印度制成棉布。阿富汗的家具和水果将出现在阿斯塔纳、孟买甚至更远地方的市场。”跨境电力合作是“新丝绸之路”计划的重要项目,即“中亚-南亚输电项目”(CASA-1000),该项目由美国国际开发署、世界银行和伊斯兰开发银行等多家机构共同支持,旨在将塔吉克斯坦、吉尔吉斯斯坦的多余电力向南输送至阿富汗和巴基斯坦。另一重要的能源项目是连接土库曼斯坦、阿富汗、巴基斯坦和印度的天然气输送管道(TAPI)建设。

到了2014年,“新丝绸之路”计划进一步聚焦四个主要领域,即发展地区能源市场、促进贸易和交通、提升海关和边境管控、加强商业和人员联系。从理论上讲,“新丝绸之路”计划与中国提出的“丝绸之路经济带”构想有不少相近之处,两者存在相互对接、相互促进的可能性。美国进步中心研究员阿里拉·维耶赫认为,“如果‘一带一路’倡议和‘新丝绸之路’相互补充而不是为同样的资源而竞争,那么,它们就更有可能取得成功。”

无疑,“一带一路”建设在向纵深推进的过程中,需要更加重视应对美国因素。这里的美国因素,不仅指美国政府针对“一带一路”采取的相关政策,也涉及相关国家和地区组织与中国围绕“一带一路”互动进程中的美国影响。

中美能够合作吗?

“一带一路”倡议的落地,有赖于更有效地处理大国战略博弈等难题,这必然包括如何应对美国。近年来,中国在亚太地区的外交更为积极主动,坚定捍卫领土主权权益。而美国正努力“重返亚太”。在这种情况下,美国方面愈加倾向于从两国战略竞争的视角,看待和回应中国提出的外交倡议,包括“一带一路”。这在“一带一路”倡议提出前后的这几年中是一个非常突出的现象。

此前的奥巴马政府对“一带一路”倡议抱有较强的戒备心理,尤其是对中国倡议设立的亚洲基础设施投资银行(亚投行)。当时任美国财政部部长的雅各布·卢以亚投行达不到管理和贷款方面的“全球最高标准”等为借口,多次劝说美国盟友不要加入这一机制。但英国、德国、法国、韩国、澳大利亚等国都不顾美国阻力,选择成为亚投行的创始成员国。2016 年 1 月 16 日,亚投行正式开始运营。同年 8 月,美国的另一重要盟友加拿大也提出了加入亚投行的申请。

当然,美国政府虽然对“一带一路”存在疑虑,但也并未将其全盘否定,在奥巴马执政后期,实际上已经意识到调整应对策略的重要性。2015 年 3 月,时任常务副国务卿布林肯在布鲁金斯学会就“中亚的长久愿景”发表演讲称,中国在中亚是一个非常主要的参与者,中国的参与并非“零和游戏”,而是有助于加强亚洲在陆上和海上的互联互通。同年5月，负责南亚和中亚事务的助理国务卿比斯瓦尔称，中亚不是进行"零和性的地缘战略对抗的空间"，包括中国在内的每个国家都可以扮演建设性的角色，美国欢迎亚投行等新多边机制在遵守国际规则的条件下满足该地区国家的紧迫需要。当时的助理国务卿帮办理查德·霍格兰德还曾带队访华，与中国国家发改委官员进行交流，探寻"新丝绸之路"与"一带一路"如何对接。

中国方面也明确表示"一带一路"倡议并不会刻意将美国排除在外。2015年9月，习近平主席在对美国进行国事访问期间强调，"一带一路"是开放包容的，欢迎美国参与到"一带一路"的合作中来。2016年2月25日，王毅外长在美国战略与国际问题研究中心发表演讲，其中围绕互联互通、产能合作等支柱介绍了"一带一路"建设，并表示，"中国的国际产能合作计划是开放的，不仅跟所有有意愿的国家进行产能合作，也欢迎三方合作。如果把中国的先进装备、充足的融资和发达国家，比如美国的一些技术和关键部件结合起来，这种产能合作就将更加有效地推动各国经济发展，从而促进世界繁荣。"

应对"特朗普冲击"

2017年1月，美国总统特朗普正式上台执政，其主要政策路线是"美国优先"，主张全面调整美国的国际贸易政策，尤其是针对中国、德国等贸易大国。应该说,2017 年 4 月的“习特会”对于降低中美关系的不确定性具有重大意义。特别是,中方提出通过“做大蛋糕”的方式来解决中美经贸摩擦,包括在基础设施、能源等领域扩大务实合作。

显然,“一带一路”有望为“做大蛋糕”提供空间和机遇,美国战略界对此有所期待。2016 年 11 月,特朗普的国家安全和外交事务顾问詹姆斯·伍尔西公开撰文称,美国应支持中国在全球事务中寻求更大发言权,奥巴马政府反对中国倡导设立的亚投行是一个“战略性错误”,希望特朗普政府对“一带一路”做出“热烈得多的”回应。战略与国际问题研究中心高级研究员张克斯等人则呼吁,美国不应过度夸大“一带一路”的地缘政治意涵,需要认真对待这一将深刻影响中国内外政策的重要倡议,应深化对“一带一路”相关进展的分析,寻求更加坚实的信息基础和更为明智的应对之道。

此外,还有美国重要智库专家认为“一带一路”并不必然导致中美之间的“零和博弈”。彼得森国际经济研究所所长亚当·波森等称,美国国内有不少人对“一带一路”抱有“等着看它失败”的态度,但是“让中国失败”并不必然对美国有利,在促进地区发展等问题上,美中不完全是“你输我赢”的关系,不妨考虑“让中国成功”。与此同时,很多美国智库都在加大对“一带一路”的关注和研究力度,战略与国际问题研究中心设立“连接亚洲”项目,全美亚洲研究局设立“新丝路经济走廊”项目等。此类项目多得到美国大企业和实力较强的基金会的支持。

实际上,“一带一路”完全可以为中美关系带来新的合作机遇和空间。正如北京大学王缉思教授所言,中美两国在东亚的竞争,已日益呈现某种“零和格局”。但若“西进”,中美在投资、能源、反恐、防扩散、维护地区稳定等领域的合作潜力都较大,而且几乎不存在军事对抗的风险。在维护阿富汗、巴基斯坦等国稳定的问题上,美国迫切希望中国提供帮助。显然,“一带一路”倡议不仅对经济发展有着直接的积极作用,也有望为地区和平与稳定带来助益,这符合美国的国家利益。

从国际机制视角看,中美也可尝试在“一带一路”框架下扩展合作。亚投行的注册资本金为 1 000 亿美元,其业务范围则侧重于基础设施建设。根据亚洲开发银行(ADB)的估计,2010 年至 2020 年亚洲地区基础设施投资面临的资金需求约为 8 万亿美元,每年大约是 8 000 亿美元。无论是从资金数量的角度,还是从工作优先领域的角度,亚投行都不会与美国主导的世界银行、亚洲开发银行等机构形成“对抗”关系。亚投行行长金立群多次强调,美国公司不会被排除在亚投行业务范围之外。2016 年 4 月,金立群在华盛顿与世界银行行长金墉签署了双方首份联合融资框架协议。这份协议将促进两个机构共同资助和开发地区基础设施等项目。

总之,中美在“一带一路”框架下的合作大有可为。中国方面需要继续与特朗普政府进行政策沟通,提升其支持和参与“一带一路”建设的政治意愿。此外,要注重加大与美国商会、相关美国企业等民间力量的沟通,探索在巴基斯坦等国开展非官方的、市场化的中美“第三方合作”,为美国企业参与“一带一路”建设打造更便利的“接口”。

“一带一路”上的能源合作

林伯强　厦门大学中国能源政策研究院院长

“一带一路”沿线国家的能源合作，大有可为。

随着“一带一路”倡议的逐步实施，推动着中国不断深化与周边各国和区域的战略合作。在能源领域，加强与沿线国家的能源合作是“一带一路”构想的重要着力点，具体包含传统能源领域尤其是油气资源合作，以及清洁能源方面的合作。中石油的海外业务中，“一带一路”沿线国家执行了多个油气合作项目，已成为中石油海外油气产量和经济效益的主要来源地。

油气安全是中国能源安全战略中最重要的环节，在推进能源体制革命的同时，政府提出务实推进“一带一路”能源合作，加大与中亚、中东、美洲、非洲等地区的油气合作力度，加大油气资源勘探开发力度，加强油气管线、油气储备设施建设。从整个“一带一路”的覆盖区域来看,中东是最主要的油气输出地区,而消费主要集中在东南部。油气管网建设在“一带一路”能源合作中是重点领域,建成海陆两通、全面覆盖的油气管网能够很大程度上改变中东、中亚以及东南亚的能源贸易格局,提高中国能源运输的安全性。

过去中国的油气进口主要来源于中东和非洲。2014 年 5 月,中国与俄罗斯签订天然气协议,意味着将在油气领域与中亚和俄罗斯有更多的能源合作。中俄天然气协议是中国天然气进口多元化的重要一环,基本完成了中国天然气通道的“四角战略”(西北、西南、东北及海上通道)。该“四角”通道具体如下:西北(中亚天然气管道),西南(中-缅天然气管道),东北(中-俄管道)以及东海通道(LNG 进口)。四大通道将保障中国天然气来源的多元化,并能在较短时间内提高天然气在能源消费总量中的比重。

事实上,仅仅从保障中国能源安全的角度来理解“一带一路”的能源合作是失之偏颇的。无论是从国内产能状况、技术成熟度,还是从合作国的经济效益和环境效益出发,推动中国企业“走出去”也是“一带一路”的一个重要命题。“一带一路”沿线的许多国家基础设施相对落后,将是中国基础设施相关企业的重要市场,可以达成双赢。

比如说,火电行业走出去也应当是“一带一路”能源合作的重要一环。“一带一路”沿线很多国家火电建设的市场需求很大。首先,“一带一路”沿线各国人均用电量和电力普及率不高,比如巴基斯坦和非洲地区,这些是新增电力需求的重要市场;其次,这些国家现役火电机组老旧，更新换代需求较大，比如，塞尔维亚近30年没有新增任何发电机组，现役机组已经接近使用年限。因此，中国火电行业和先进的火电技术在海外市场应该大有可为。技术方面，中国火电机组已经完全实现国产化，技术上非常成熟，堪称国际一流，而且国内企业在相关国际工程上已经有多年的丰富经验。对于“一带一路”周边国家来说，无论是从现役火电设备更新需求，还是保障经济全面发展的经济竞争优势，或者环境收益的角度，都与中国火电存在明显的互补优势，这更好地传达了“一带一路”本身合作开放的互利共赢理念。

在清洁能源领域，“一带一路”沿线的很多国家，如哈萨克斯坦，铀矿及风电、太阳能、水电等资源储备较为丰富，而中国在核电及风电、太阳能等清洁能源开发利用领域有着较为成熟的经验和技术储备。双方在相关领域开展合作将使哈方资源优势和中方技术设备优势形成互补，有助于清洁能源的开发利用和实现绿色经济转型。

总的来看，中国和“一带一路”沿线大部分国家和地区都处在同一或相似的发展阶段，中国可以给发展中国家提供很多可以参照的经验。比如中国目前环境污染、雾霾严重，“一带一路”沿线国家在发展过程中也可能出现这个问题，它们的发展也需要做到能源、经济、环境三者的平衡。在初级发展阶段，经济增长必然要付出环境的代价，这是能够预见却难以摆脱的困境。但是回想过去，是否能够做得更好一些？与中国相比，“一带一路”沿线国家环境治理的最大优势就是体量相对较小，能源替代相对容易。因此，它们需要对能源利用有合理的规划，推广清洁能源，尽可能做到未雨绸缪，防患于未然。

因此，"一带一路"沿线国家既可以在能源安全方面互补合作，也可以成为各国基础设施相关企业的重要市场。中国企业在"一带一路"沿线国家经济发展中也将起到重要作用。中国企业需要积极履行社会责任，尊重当地风俗习惯和宗教信仰，尽可能多地主动融入当地社区，积极为促进当地社会经济发展提供就业岗位，在环境保护、社区和谐稳定、支持社会公益等方面做出应有的贡献。

“一带一路”的可持续发展前景

寿慧生 清华大学国家战略研究院研究员、盘古智库学术委员

自“一带一路”倡议在2013年底提出以后，对于“一带一路”面临的机遇与挑战已有大量讨论。其中最为关键的一点，是“一带一路”项目的可持续发展。

作为“一带一路”主要的推动者，中国自身的发展模式必然会反映到它所推动的海外项目中去；中国的企业和各类经济社会组织在海外的行为，也必然带着深刻的中国烙印——企业和组织在走出去过程中产生的“文化行李”(cultural luggage)现象是一个普遍的现象。考虑到中国在过去几十年间高速的经济增长在环境和社会方面给人留下的一些负面印象——环境破坏、能源消耗、企业缺乏社会责任等，对“一带一路”的类似担忧并非杞人忧天。

对于这样的顾虑，笔者认为有必要从一个更广阔的

视角来加以理解。

中国的“十三五”规划树立的“创新、协调、绿色、开放、共享”五大发展理念显示出中国政府正从以往的高耗能、高污染发展模式中进行转轨,向更可持续的发展道路迈进。

“中国模式”的核心

从一个更清醒客观的角度分析,中国过去几十年发展成就的改变动力,在于中国的改革开放为中国的市场和社会注入了活力和创造力,中国并积极开放市场,为这些活力引入资金、技术和思想,同时寻找海外市场。

在大量学术研究中,关于中国过去经济增长动力的最重要的研究成果之一认为,中国的发展模式是市场导向的,而其中最为重要的创新动力来自地方政府的发展冲动和他们彼此的竞争关系。“事实上的联邦制”(de facto federalism)或“中国特色的联邦制”是这个理论的一个重要概念,其核心是这种地方政府竞争的状态使得市场得以维护。这个理论并不否定中央政府的重要作用,但认为中央政府仍像过去计划体制下在微观层面上进行决策,显然与事实不符。尽管五年计划是计划体制时代产生的一种制度,但今天的五年计划更多是对以往经验的总结而非凭空设计,中央政府的角色也更多的是协调、归纳、深化、推广等战略规划的作用。

在对外关系方面,中国的经济增长也并非建立在对抗西方主导的全球治理结构的思维逻辑之上。相反,如中国领导人在不同场合反复强调的,中国是战后经济全球化体系与秩序建设的参与者与受益者,倡导"一带一路"并非意在颠覆现有经济秩序,也非单纯追求中国自身利益。

从这个角度讲,"一带一路"倡议虽然是中国的创意,但背后的思路并非凭空而出,而是基于中国过去几十年来经济和社会发展的经验,为中国未来的长远发展提供新思路,也让中国创造的成果普惠于更多国家,更让中国与世界的繁荣彼此助力,实现互利共赢。换句话说,可持续发展必然是包容发展和共享发展。

"一带一路"的可持续发展前景

正确认识实施"一带一路"目标与中国深化改革推动体制转型之间的关系,实现中国经济发展的可持续性,是"一带一路"成功的关键。因此,在推进"一带一路"方面,中国面临的最大挑战,应该首先是全面深化改革,建构完善国内市场经济体制;依法治国,构建现代国家治理架构与能力;让经济增长与环境保护之间的平衡关系成为新的增长点,维持中国经济持续追赶势头,从而为"一带一路"合作提供动力并不断充实其内涵。

改革和开放从来都是一枚硬币的两面,互为表里,缺一不可。在推进中国国内的改革进程,为"一带一路"提供新动力的同时,中国也需要以开放的心态建设"一带一路"。事实上,在过去至少一年当中，中国政府正在积极实现将“一带一路”纳入联合国提出的“2030年可持续发展议程”的框架中，让“一带一路”成为一个开放的、更有活力的全球治理平台。

在2016年9月杭州举行的二十国集团(G20)峰会上，“包容”成为核心主题，而时任联合国秘书长潘基文在新闻发布会上表示，杭州峰会在G20历史上首次把强调可持续增长作为公报成果之一。稍后，中国政府公布了《中国落实2030年可持续发展议程国别方案》，显示出“一带一路”倡议和联合国2030年可持续发展议程虽然范围不同，但具有类似的愿景和相同的基本原则。

而在此前后，中国开始与联合国积极沟通，将“一带一路”纳入联合国的可持续发展框架中。早在2016年4月，中国与联合国亚洲及太平洋经济社会委员会签署意向书，共同规划推进互联互通和“一带一路”的具体行动，推动沿线各国政策对接和务实合作。2016年9月，中国与联合国计划开发署签署关于共同推进“一带一路”建设的谅解备忘录。2016年11月，联合国大会首次在决议中写入中国的“一带一路”倡议。2017年2月，联合国社会发展委员会通过“非洲发展新伙伴关系的社会层面”决议，首次写入“构建人类命运共同体”理念。2017年3月，联合国安理会关于阿富汗问题的第2344号决议再次写入“人类命运共同体”理念，呼吁国际社会通过“一带一路”建设等加强区域经济合作，敦促各方为“一带一路”建设提供安全保障环境、加强发展政策战略对接、推进互联互通务实合作等。

将“一带一路”纳入联合国可持续发展议程框架中的现实意义不容忽视。

首先，通过与实现联合国可持续发展目标的紧密结合，“一带一路”成为实现联合国可持续发展目标的加速器，助力扩大全球公共产品。通过推动经济增长和带来公共福利，“一带一路”可以成为实现可持续发展的有效框架，在推动投资与经济增长的同时，通过推动包容性带来发展红利。

其次，联合国可持续发展目标也可以助力“一带一路”。例如，把“一带一路”纳入联合国发展框架中，可以更好地帮助中国展现其全球发展合作中负责任大国的形象，避免地缘政治带来的负面影响；通过联合国引入全球政府组织和非政府组织的共同参与，提高“一带一路”倡议应对环境问题和社会风险的能力；利用联合国的现有机制，帮助提高沿线国家政策的一致性，强化治理体系；利用2030年可持续发展目标的成熟框架，为尚在构建的“一带一路”倡议提供必要的检测和评估机制。

改革开放的理念和决心是中国政府能够在短时期内迅速调整“一带一路”倡议规划的关键动力。这种即时进行政策与制度调整和更新的能力，是“中国速度”最令人珍视的部分，是过去几十年来让中国持续保持高速而相对稳定增长的关键。维护这种能力及其背后的动力，是保证中国未来可持续发展的关键，也是让我们对“一带一路”可持续发展前景表示乐观的理由。

中巴经济走廊建设进展超预期

周　戎　中国人民大学重阳金融研究院高级研究员
陈晓晨　中国人民大学重阳金融研究院国际研究部主任、研究员

中巴经济走廊在“一带一路”战略构想中起到先行先试的作用。2017 年,中国人民大学重阳金融研究院围绕中巴经济走廊的建设进展与问题,在巴基斯坦展开了密集调研,并多次接待巴基斯坦方面的来访。我们认为:中巴经济走廊基本形势良好,总体进展超出预期。对此,应予以高度肯定。但是,巴基斯坦国内外潜在矛盾也前所未有地发酵,对中巴经济走廊造成的困难与威胁仍在。对此,我们应高度重视,并采取相应对策。

中巴经济走廊建设效果初显

一、中巴经济走廊建设进展超出预期

我们的调研主要是通过走访和获取资料进行的。经评估后我们认为,中巴经济走廊的建设速度超出预期。经济走廊的四大重点合作领域——能源(尤其是电力)、交通基础设施、产业合作、瓜达尔港都取得了明显进展。其中,尤其是电力和基础设施进展总体顺利。

巴基斯坦一些部门的低效长年为人诟病。工程不能按期完工属于正常现象。这也使得一些人对中巴经济走廊项目的进展抱有疑虑、预期较低。不过,通过调研我们发现,不能总是用老眼光看待巴基斯坦。例如,我们在巴基斯坦计划发展部调研期间,感受到了该部忙碌的工作节奏和高效的工作氛围,一改往日巴政府中常见的官僚作风。部长伊克巴尔及其属下、中巴经济走廊项目主任达乌德在总结交流工作时思路清晰,并对整个走廊的建设情况十分熟悉。

据达乌德介绍,中巴经济走廊框架下电力项目总发电量超过1 000万千瓦,目前已经有一多半在建,推进良好。他甚至认为,由于电力项目的快速推进,巴基斯坦有望在2018年实现电力的供需平衡。如果这个目标实现,无疑解决了困扰巴基斯坦长达十余年的顽症,对巴基斯坦经济快速发展将产生重要推力。

我们在巴期间走访了中国路桥巴基斯坦公司。该公司负责人

表示,由中国路桥承建的中巴喀喇昆仑公路堰塞湖改扩建工程已完工,二期工程的进展同样较为迅速。目前,施工方正在通过增加作业面来进一步加快进度。

在产业合作方面,中巴双方目前还在进一步对接。不过,我们在巴期间已看到了中国企业在巴基斯坦的成功案例。中国移动在巴基斯坦的全资子公司辛姆巴科(CMPak)公司,目前已发展成为巴基斯坦国内第三大运营商,占据20%市场份额,而且这些份额主要是3G/4G用户,具有很好的成长性。值得一提的是,该公司已在管理上完成了本土化,21名中国员工与约3 100名巴基斯坦员工一起工作,中外员工比达到1∶150。更重要的是,该公司已经带动了周边产业,直接或间接地促进了巴基斯坦的就业,形成了基于本地的产业链。

从这家公司的成功案例来看,我们有理由认为,随着产业合作的推进,将有更多中国企业在巴基斯坦找到机会,落地生根。

不过,较快的建设进展也导致了巴方一定程度上急功近利的情绪。谢里夫政府期待,大部分电站项目和基础设施项目(全部是巴境内的公路项目)能在2018年大选前提前完成。但据一些中国施工企业反映,提前竣工不仅困难,而且难以保证工程质量。

二、巴基斯坦政治、安全、民生明显改善

中巴经济走廊建设推进四年来,对巴基斯坦的经济、安全与民生发展贡献明显。对此,巴方也有着充分认识。

1. 安全形势稳定

从 2013 年到 2016 年,巴基斯坦政局再未发生大的动荡,出现了近 18 年来少有的稳定局面。经过巴军方旨在剿灭恐怖势力的“利剑行动”,恐怖袭击次数、频率及伤亡人数连年下降,2016 年较 2013 年下降了四分之三,其中卡拉奇(巴基斯坦第一大城市)下降了五分之四。巴基斯坦恐袭猖獗的时期暂告一段落。

谢里夫政府颁布的全国行动计划(NAP),不仅以立法形式反恐,而且首次将“整顿宗教学校”和“打击极端主义”提上日程。这与中巴经济走廊建设对安全方面的客观需求相匹配。

最近一个时期以来,由巴基斯坦俾路支斯坦民族分离主义势力发动的恐袭及类似的暴力事件大幅减少。一部分民族分离主义势力开始融入主流社会。

2. 经济发展提速

从 2013 年到 2017 年,巴基斯坦经济年增长率始终居于 4%以上,最高达到 4.6%,是近十年来增速最快的时期,经济增速在亚洲名列前茅。其通货膨胀率持续下降,下探到 2%以下,达到 12 年来最低。用巴基斯坦总理谢里夫的话说,“巴基斯坦经济的快速增长,首先得益于中巴经济走廊的建设”。

中巴经济走廊仍面临内外困难

但是,中巴经济走廊仍然面临着不少内外部困难,具体表现在：

1. 中巴经济走廊建设引发利益矛盾

巴基斯坦国内形势异常复杂。有时，各种矛盾和冲突还交织在一起。在中巴经济走廊带来的巨大利益面前，各种政治势力都想从中分一杯羹，这使得原有矛盾发酵甚至激化。

地域矛盾是其中的重要一方面。在一些巴基斯坦人看来，在中巴经济走廊的项目上，旁遮普省企业界得利最多，其次是信德省，而其他两个落后省份的企业家基本上没有太多获益。这一利益分配的不均导致了一些地方的不满。

此外，一些参与走廊建设的决策者对项目建设的兴趣不大，但对个人得利很有兴趣，忽视了项目的社会效益。

2. 外部环境恶化

2016 年是印巴关系走向恶化的一年。原定于巴基斯坦首都伊斯兰堡举行的南盟首脑会议遭到印度与阿富汗政府的抵制。印巴之间擦枪走火的事件增多，印度中止了与巴基斯坦关于克什米尔问题的谈判。

阿富汗政府与巴基斯坦政府之间的关系虽一度柳暗花明，但当前仍面临互信不足的问题。难民问题、塔利班越界问题一直困扰着两国政府。

3. 媒体环境堪忧

巴基斯坦媒体对中巴经济走廊时有一些负面噪声。其根源是西方思维方式对巴基斯坦媒体的影响根深蒂固，而巴媒体自身力严重不足。很少有记者到现场采访走廊项目，很少有记者愿意花力气了解真实情况，很少有记者具备过硬的专业知识，更多是人云亦云，片面、不加筛选地引用西方媒体的消息，对中巴经济走廊乃至中国本身进行歪曲报道，产生了混淆视听的效果。

4. 中国企业和个人自身形象问题

在巴的一些中国企业与中国人自身也存在一定问题。就调研的情况来看，中国在巴的中小企业看得多，投入得少；想短平快赚钱的多，做长期打算的少；想卖产品的多，长期投资的少；污染大户多，优质产能少。个别中国企业和中国人违反巴基斯坦法律与当地社会习俗的现象也有存在。这些都在很大程度上损坏了中国人的形象，败坏了中国人的名声。

谨慎应对矛盾　推进走廊建设

1. 做好扎实的战略对接

在战略对接上，中方不仅要加大国家发改委与巴发展计划部的对接力度，加大两国参与中巴经济走廊建设的各个部门之间的战略对接，还要对走廊的建设进程、存在的问题了如指掌。中巴双方应当不断完善和调整工作部署、工作思路，不断创造有利于走廊建设的新模式。

2. 将走廊建设与为巴基斯坦草根阶层谋福利结合在一起

要将中国落后地区的跨阶段发展经验传播到巴基斯坦，有计划、有步骤地引入中国西部开发和精准扶贫的成功案例，帮助巴基斯坦做好相对落后省份与地区的发展规划，使得巴基斯坦草根阶层得到实实在在的好处，尤其是在公益事业（如引入纯净水过滤系统、兴修水利、在中企驻地创办中小学）和提高巴基斯坦人就业率方面更应如此。

3. 遏制腐败蔓延，兼顾各方利益

在巴基斯坦，目前要完全杜绝腐败现象是不现实的，但我们希望其最大限度地遏制腐败势头的蔓延，尽可能在程序上减少腐败，在制度上约束腐败。此外，应通过说服中央政府照顾各方利益，将政治风险、环境风险、安全风险降到最低限度。

4. 要积极主动做好巴基斯坦媒体的工作

要在媒体上充分肯定中巴经济走廊的推进及其带来的正面溢出效应。要全面加强与巴基斯坦媒体的交流工作。对于一些负面报道，中方（包括中国驻巴外交机构、中资企业等）一方面要积极主动做好巴基斯坦媒体（包括新媒体）的工作，澄清不实言论，客观报道进展，另一方面，鉴于巴基斯坦媒体采编能力的缺乏，还应帮助其加强能力建设。要鼓励和引导中资企业做好公关工作，把发展与巴媒体的关系放在重要位置。

5. 加强智库交流，促进民心相通

智库对中巴经济走廊的深度调研，有助于我国更好地了解走廊建设的实际情况。不仅如此，智库交流能够对政策沟通与民心相通起到润滑作用,既能与巴基斯坦有关机构增信释疑,又能通过智库交流影响巴方,并由此掌握巴方的利益关切。因此,我国应当大力支持智库对中巴经济走廊的研究与调研活动,并积极推动中巴“一带一路”智库对话。

境外经贸合作区为“一带一路”开枝散叶

武常岐 北京大学光华管理学院战略管理学教授、北京大学国际经营管理研究所常务副所长

至2017年5月,有60多个国家提出希望我国与其共建经贸合作区。境外经贸合作区通过与所在国在经济、政治、社会、文化等领域的深入合作,受到东道国政府和当地社会民众的认同。

境外经贸合作区是指在境外有条件的国家或地区建设或参与建设的基础设施较为完善、产业链较为完整、带动和辐射能力较强、影响力较大的工业、农业或服务业园区,以吸引中国或其他国家企业投资兴业。

我国经济改革和对外开放的成功经验之一,就是通过建立各类特区、开发区和工业园区,以点带面地推动经济高速增长。深圳特区、北京中关村和上海张江高新区、

苏州产业园区就是其中的典型代表。产业园区和开发区的建设和发展,是“中国模式”的重要特征,是弘扬我国发展模式、管理理念、文化价值的重要渠道,是和“一带一路”国家共享发展经验的重要名片。

中国政府支持有实力的企业到境外开展多种形式的互利合作,以促进与东道国的共同发展。中国企业在境外投资建设经贸合作区,是以企业为主体,以商业运作为基础,以促进互利共赢为目的,主要由企业根据市场情况、东道国投资环境和引资政策等多方面因素进行决策。通过建设经贸合作区,吸引更多的企业到东道国投资建厂,增加东道国就业和税收,扩大出口创汇,提升技术水平。

作为“一带一路”倡议的重要抓手,境外经贸合作区契合了所在国经济和产业的发展诉求,也是我国实现产业结构调整和全球产业布局的重要承接平台,并能让世界理解中国和“一带一路”国家合作共赢的投资理念。伴随着“一带一路”建设,沿线国家中有70多个境外经贸合作区已建成或即将建成。截至目前,我国企业已在14个国家建设了17个国家级境外经贸合作区。其中,最早建成的巴基斯坦海尔-鲁巴经济区已成为中巴经济合作的典范。

如果说修路架桥等基础设施建设是“一带一路”建设中的枝干,那么要想树大根深、枝繁叶茂,还需要通过贸易和投资活动,带动所在国本地的就业和经济发展,而经贸合作区建设就是其中“茂密的绿叶”。

促进中小企业"走出去"作用明显

我国"走出去"的企业往往对其他国家的政治制度、政策法律、语言文化不熟悉、不适应,也面临着工业基础设施薄弱、产业配套差、水电路等外部配套条件不足等诸多困难。境外经贸合作区为我国企业"走出去"搭建公共平台、积极拓展海外发展空间,为发挥产业集群和投资规模效应效益创造了条件,实现了互补协同、共同抵御风险,对推动中资企业"走出去"具有较强的带动作用。在"一带一路"倡导的"五通"基础上,相关国家的民众收益需要本地产业发展来保障,而产业园区的建设和发展对于相关国家,特别是发展中国家来说,意味着实实在在的好处。

境外经贸合作区的区位选择

目前,我国企业已在14个国家建设了17个国家级境外经贸合作区。其中,亚洲6个国家有7个境外经贸合作区,分别是巴基斯坦海尔-鲁巴经济区、泰国泰中罗勇工业园、柬埔寨西哈努克港经济特区、越南龙江工业园、越南中国(海防-深圳)经贸合作区、中国·印尼经贸合作区、韩国韩中工业园;非洲5个国家有6个合作区,分别是赞比亚中国经贸合作区、埃及苏伊士经贸合作区、尼日利亚莱基自由区、尼日利亚奥贡自由区、埃塞俄比亚东方工业园、毛里求斯晋非经贸合作区；欧洲 2 个国家有 3 个合作区，分别是俄罗斯乌苏里斯克经贸合作区、俄罗斯托木斯克木材工贸合作区、中国–白俄罗斯工业园；南美洲 1 个国家有 1 个合作区，为委内瑞拉库阿科技工贸区。

其中，中国–白俄罗斯工业园作为中国在海外最大的工业园项目，园区总建设期规划为 30 年，分三期建设，每期各 10 年。其中一期投资 14.11 亿美元，开发时间从 2014 年开始。中国–白俄罗斯工业园是中国目前开发面积最大、合作层次最高、政策条件最为优惠的境外经贸合作区。

在区位选择上，中国境外经贸合作区大多分布在与中国地理上接壤或有友好经济往来和深厚友谊的周边国家。同时也是企业自身优势与当地有利资源相权衡做出的决策。例如巴基斯坦、柬埔寨、泰国这些国家，地理上与中国接壤或接近，有着较低的劳动力成本和亟待开发的市场；而赞比亚、毛里求斯等一些非洲国家，拥有丰富的自然资源或区位优势，且与中国政府保持着友好的合作关系与政治经济的往来。而中国和白俄罗斯两国虽然在空间上相隔甚远，但是两国建交以来一直处于友好交往状态，近年来达到“战略合作伙伴关系”。

我们看到，境外经贸合作区区位选择的主要考量因素包括：地理距离、政府间政治关系、劳动力、自然资源和市场。首先，中国境外经贸合作区处于探索阶段，选择地理上与中国接壤或接近的国家便于开展合作区建设工作和企业前期运营工作，地理距离的考量符合传统国际贸易的“引力模型”。其次,这些国家与我国有着深厚的友谊和良好的政治经贸关系,中国企业在这些地方开展投资活动可以最大限度地避免海外投资的政治风险。同时,这些国家非常欢迎来自中国的投资,当地政府为中国企业提供投资便利。第三,中国企业可以利用当地的劳动力和自然资源,继续保持中国商品的价格优势,亟待开发的市场也为中国企业提供了广阔的产品销售渠道。

目前,我国的境外经贸合作区尚未进入经济水平较高、科技水平较发达的西欧、北美等发达地区,但已开始向距离较远的国家,如白俄罗斯等延伸。

境外经贸合作区的产业特点

我国 17 个国家级境外经贸合作区的产业选择主要集中在相对于发展中国家具有比较优势的纺织、家电、机电、微电子等产业,另外也有资源开发和科技研发等产业。巴基斯坦海尔-鲁巴经济区由青岛海尔集团电器产业有限公司领投,以家电产业为主。柬埔寨西哈努克港经济特区由江苏太湖柬埔寨国际经济合作区投资有限公司与柬埔寨国际投资开发集团有限公司共同建设,地处东南亚交通枢纽位置,拥有较低的用工成本和宽松的贸易环境。中国有色矿业集团有限公司在非洲赞比亚投资的谦比希园区是基于矿产资源的工业园。俄罗斯乌苏里斯克经贸合作区由康吉国际投资有限公司投资20亿元建设，将成为中国鞋业打造国际品牌、辐射全球的一个重要根据地。中国-白俄罗斯工业园是由中国机械工业集团有限公司及所属中工国际工程股份有限公司，哈尔滨投资集团、明斯克州政府等中白股东共同投资建设的，园区重点发展电子信息、精细化工、生物医药、高端制造、物流仓储等产业，并配套开发商业、住宅项目。

总体而言，入驻境外经贸合作区企业的投资项目，往往会结合入驻企业类型和所在国家或地区的国情和资源条件来决定，因此不同地区的境外经贸合作区的产业分布会兼具东道国和中国产业发展的特色。例如分布在俄罗斯乌苏里斯克的经贸合作区，吸引了以温州民营企业为主的国内企业入驻，所涉及的投资项目以鞋类、服装、家具、皮革、木业、建材等为主；分布在韩国全罗南道务安郡的韩中工业园，由重庆东泰华安国际投资有限公司牵头，所涉及的投资项目领域以技术研发、电子、信息技术、新材料以及房地产开发等为主；分布在非洲的经贸合作区以金属冶炼、陶瓷烧制以及制造业为主要发展产业，充分利用了非洲当地丰富的矿产资源、木材、橡胶等自然资源和低关税、少限制的优越贸易条件；在东南亚建设的经贸合作区以服装纺织、机械电子、建材等劳动密集型产业为主，充分利用当地劳动力价格低廉的优势。

两种对外开放战略下的绿色发展之路

李志青 复旦大学环境经济研究中心副主任

如果把绿色发展程度概括为环境保护与经济发展之间的阶段性关系，那么，能够影响这个阶段性关系的因素中，离不开“对外开放”这个重要的发展侧面。从这一角度，我们来谈谈“一带一路”建设和“自贸区建设”这两种对外开放战略中所包含的不同绿色发展理念。

作为当下中国最为重要的两种对外开放战略，其内涵各有侧重。如果说“自贸区建设”的重点是为了与东方的国家打交道，那么，“一带一路”的重点则更侧重于与西边的国家交朋友，其中包括发展中国家与欠发达国家。

在此背景下，这两种对外开放战略有着不同的环保观。对于自贸区建设而言，在环境保护上，我们的姿态较低，声音不多，这固然与自贸区建设所要解决的重点在于金融、贸易和投资三个领域有关，也与我们在环保上的标准与这些国家相比还有所不及有关。

当然，即便我们无法实现环保上的较高标准，也并不妨碍我们与它们展开能源环境等领域的绿色发展合作，包括共同推进国际可持续议程、共同应对气候变化等。这不仅显现了中国在绿色发展上的理念和决心，也包含了中国希望在绿色发展上向相关发达国家取经的意思。

而在“一带一路”建设上，情况有所不同。在 2017 年 5 月 14 日召开的“一带一路”国际合作高峰论坛上，中国国家主席习近平在主旨演讲上宣布中国将在“一带一路”建设中秉承绿色发展理念，“倡导绿色、低碳、循环、可持续的生产生活方式，加强生态环保合作，建设生态文明，共同实现 2030 年可持续发展目标。”

这表明，一是中国参与的“一带一路”建设不走“先污染，后治理”的老路，中国不输出“污染”，输出的是绿色的高标准；二是务实，开展与“一带一路”相关国家的生态环保合作，根据环保部之后发布的规划方案，这个合作涵盖了从项目、技术、信息到经济金融等一系列领域。

中国为何要在“一带一路”建设上贯彻绿色发展理念呢？原因其实很简单。这是因为大部分“一带一路”相关国家存在不同程度的环境风险（笔者的另一项研究表明，68 个相关国家中半数以上属于经济和生态双落后的地区），因此，“一带一路”上的建设项目必然要考虑到东道国的环境状况，在改善东道国环境条件的基础上开展各种经济贸易和投资活动。

就此而言，我们与“一带一路”国家的环保合作其实并不是给它们设定绿色发展的各种环保标准，而是希望能参与到这些国家保护生态环境和绿色发展的过程中，这一点正体现了对外开放理念中的“绿意”。

东西两侧的对外开放战略在绿色发展上各有侧重，那么其对于我们的环境经济关系演变会产生什么影响呢？

在环境经济理论中，与对外开放有关的主要理论是讨论“贸易与环境”的关系，前者也包括了国际投资。经济学研究发现，一般而言，自由贸易是有助于改善一国环境质量的，也就是有助于推动环境与经济朝着协调的方向演进。当然，这里面的前提条件在于，这个贸易或投资的配置过程不能被扭曲。

这个道理不难理解，因为自由贸易和投资会提高经济效率和产出，从而改善资源和环境投入的产出水平，再经过规模经济效应的影响，环境质量也就会逐步从初期的恶化转向改善。就此而言，我们在对发达国家的开放中，对标高标准，强调贸易投资和金融部门的自由程度；而在“一带一路”建设中，则强调通过合作来进一步优化贸易结构，提升产业部门生产效率。如果能做到这两点，那么，东西两侧齐头并进的对外开放策略都将在客观上推进中国的绿色发展，进而也有助于推动全球的可持续发展进程。

不沿边不沿海：中部省份如何抓住“一带一路”机遇

陈晓晨　中国人民大学重阳金融研究院国际研究部主任、研究员
吴永媚　中国人民大学重阳金融研究院实习生

中部省份包括山西、安徽、江西、河南、湖北、湖南六省。随着“一带一路”建设的推进,中国国内沿边和沿海省份都看到了战略机遇。不过,中部省份却因为“既不沿边,又不沿海”而多少有些踯躅。笔者认为,中部省份应更好地发挥既有优势,解决目前存在的制约发展的若干问题,积极参与“一带一路”,形成对“一带一路”的内部支撑。

发挥“中心地带”优势

中部省份的这种踯躅,首先体现在思想上尚未充分认识到自身参与“一带一路”的优势。中部省份应充分

发挥作为“中心地带”的区位优势，积极主动投身“一带一路”建设，加大双向开放力度，形成切合自身的发展战略。

中部省份位居中原腹地，各大城市长期承担着交通枢纽的重任。郑州位于京广铁路、陇海铁路交会点之上，有中国铁路心脏之称，承担着全国的货运枢纽任务。南昌贯通京广、浙赣湘黔线，沟通长江经济带和东南沿海地区货运。

近年来，中部省份积极参与中欧班列，郑欧、赣满欧、合新欧等已实现常态化运行。郑欧班列更是于近期实现“去五回四”，基本均衡对开，在国内中欧班列中保持领先地位。

中部六省都是人口大省，有着丰富的劳动力资源，总人口达

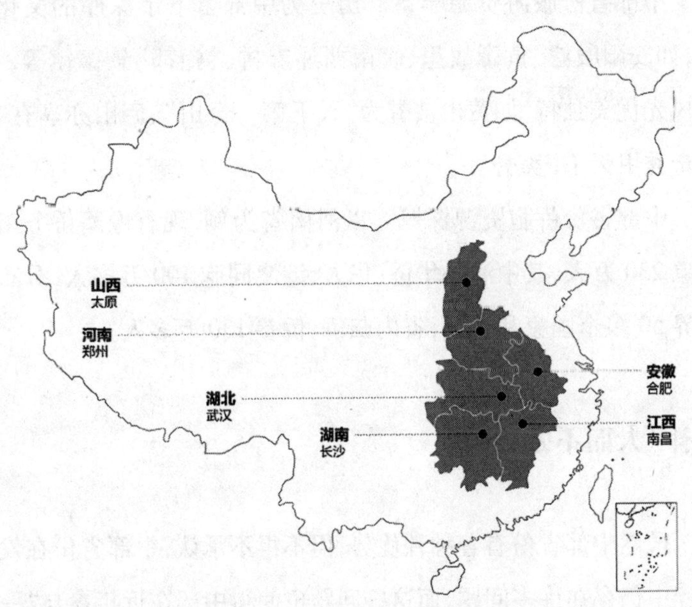

3.65亿，占全国人口的26.5%。不过，平均工资水平不及东部，这也使得劳动力价格优势明显，蓄积承接产业转移的势能。

中部省份能源资源丰富，而且开发历史悠久，形成了相对齐全且有所“偏重”的工业体系，培育了大批领跑全国的能源资源型大企业。

千百年来，中部省份一直是我国的重要粮仓，农业生产经验丰富。河南省是我国的粮食核心主产区，近年来粮食种植逾1.5亿亩，全年粮食产量约6 000万吨，居全国第二。皖赣两省作为我国的茶业大省，近年来茶叶出口不断增长，2015年1—10月，安徽茶叶出口5.01万吨，全年出口额突破2亿美元。

中部省份旅游资源丰富。历史为中部留下了深厚的文化资源，如安阳殷墟、黄帝故里、皖南西递宏村、“瓷都”景德镇等。自然风光优美独特，如黄山被誉为“天下第一奇山”，庐山亦享有“匡庐奇秀甲天下”美誉。

中部省份侨胞资源深厚。以河南省为例，现有豫籍侨务工作对象230万人，其中海外华侨、华人、港澳同胞100万多人，分布在世界50多个国家和地区，省内归侨、侨眷130万多人。

弥补“大而不强”短板

虽然中部省份有着种种优势，但不得不承认，中部省份在发展过程中仍存在许多问题，而这些问题也使得中部在近年参与“一带一路”的过程中略显蹒跚，后劲不足。

中欧班列线路众多，但建设不足且存在自相竞争现象，有待统筹协调。中部省份个别班列发展滞后。以合新欧为例，自 2014 年启动，到如今方实现“一月三列”的运行规格，与渝新欧高峰时“一周三列”形成鲜明对比。返程空箱现象严重，造成运输成本过高。在对外运输议价上，班列线路各自为战，导致议价能力缺乏。为了竞争货源，各地政府争相提高补贴力度，缺乏统筹协调，缺乏可持续性。

中部省份长期以来重工业比例过高，产业结构失调，有待调整。以河南省为例，2015 年河南省内六大高载能行业增值占工业增值比重的 35.3%，高技术产业仅占 7.6%。非化石能源使用占比仅 5.8%，比全国平均水平低 6.2 个百分点，能源结构调整任务艰巨。中部省份高载能产业产能过剩严重是普遍现象，急需新一轮产业转型升级。

农业大而不强，农业品牌特别是国际品牌建设不足。作为我国农业主产区，中部粮食种植仍处于粗放发展阶段，农业机械化程度过低。2015 年底河南省农业机械化比例为 77.5%，机械化水平尚需提高。另一方面，中部农业长期扮演原材料供给角色，处于产业链下游，缺乏上游建设。皖赣两省茶业出口已在量上做大，但始终缺乏全球性品牌。

旅游业不温不火，旅游吸引力不足。在 2016 年中国旅游城市吸引力排行榜中，千年古都洛阳位列第 20，黄山位列第 34。这已在中部排名最高，但仍远不如重庆（位列第三）、成都（位列第四）等西部省市。究其原因，其中一条就是中部地区旅游景点缺乏宣传推广。

教育短板突出，高等教育成为地区经济发展瓶颈。全国逾百所“211”大学中，安徽三所，河南、江西各只有一所，中部高等教育资源匮乏。河南、安徽、江西三省每十万人口高等教育平均在校生数均在2 200人左右徘徊，远低于北京（5 218人）、天津（4 185人）。中部省份的高等教育已成瓶颈，难以适应“一带一路”下实现中部崛起的要求。

抓好“一带一路”机遇

面对当下问题，笔者认为中部应当紧抓“一带一路”重大机遇期，做好以下几个方向的工作，发挥优势，弥补短板，实现中部崛起。

一、承东启西，连接“一带”与“一路”

“一带一路”向西出境联通中亚、欧洲，向东出海沟通亚太环线。中部省份既不沿海也不沿边，作为“一带”与“一路”的中间带，应当做好“一带一路”两线的联通工作，防止“一带一路”出现“中部脱节”。

郑州、武汉、长沙、南昌、合肥应发挥好“一带一路”重要节点城市的作用,做好大宗商品货运物流工作。对内,完善"铁公机港"网络建设,增强跨区域运输能力,发展多式联运,扩大辐射范围,增强货运集散能力;对外,班列之间可建成市场联盟,做好市场及功能细化分工,增进协调合作,避免恶性竞争,提高议价能力。

中欧班列是市场经济产品,应当促进班列运营企业创新投融资及运营模式,逐渐减弱政府直接财政补贴,使中欧班列以市场化方式健康成长。政府的工作重点应放在增进与沿线国家高层沟通,提高与沿线国家海关协作能力上,简化中欧班列通关手续,促进亚欧货运电子信息一体化平台建设,提高货运效率;积极牵线,为中欧班列创造更多货运订单,实现往返货运平衡,将更多国外产品运进来,释放中欧班列的最大潜能,建成铁海互通、连通东西的物流通道。

二、推动国际产能合作,实现产业结构优化升级

当下正值国际产业转移大潮涌起,低端生产链逐渐向成本更低的地区转移。中部省份应紧抓国内产业梯度转移的大机遇,发挥毗邻东部沿海地区的地理优势,积极承接东部省份转移产业。

河南省内食品加工制造业、汽车装备业产业基础扎实,享有多个国内著名品牌,可进一步吸引相关产业赴河南投资建设,形成集群效应,打造高端食品基地和汽车装配基地。

安徽省应继续以中德产业园区为基础,发挥中科大的科研优势,进一步深化与欧美发达国家的产业合作,形成跨国产业合作

基地。

面对节能减排压力加大的情况，各大重工能源企业应当在升级产业技术的同时，更在“一带一路”产能合作中积极发挥作用，到中亚、欧洲等地参与基础设施、能源开发等国际产能合作项目，实现国际范围内产能供需配置平衡，促进中部经济转型升级。

三、发挥既有农业优势，推动“一带一路”农业合作

将郑州打造成为亚欧地区农产品金融中心。目前农产品金融化正成为潮流，各类农产品期货交易遍地开花。郑州作为亚欧大宗农产品集散中心，建有粮食期货交易中心，应当进一步发挥其优势，加强跨国农产品金融基础设施建设，打造亚欧农产品金融中心。同时，要着力增强农业金融制度建设，严防严控金融欺诈，增强防范金融风险的能力。

加大力度实现农产品“走出去”。要积极与国际标准接轨，扩大农产品出口，打造全球性农产品品牌。中国茶文化历史悠久，一条丝绸之路也是中国茶文化走向世界的道路，当下尤其应当树立国际品牌意识。安徽、江西等茶业大省应增强国际市场调研，打开“一带一路”沿线地区市场，提升推广力度，打造国际性茶业品牌，利用中欧班列将中国茶带到世界各地，复兴“茶叶之路”。

鼓励农业跨国合作。随着世界人口的不断增长，粮食安全成为世界性议题，也是“一带一路”国际合作的一个重要抓手。应鼓励农产品“走出去”，到“一带一路”中面临粮食危机的地区，展开

农业援助合作，建设农业合作园，提升当地农业生产能力。同时“引进来”优秀农产企业，提高农业机械化水平，延长农业生产链，实现农业增收。

四、放大旅游资源价值，搭建海外华人华侨交往桥梁

中部省份拥有丰富的旅游资源，作为老牌旅游地区，近年来却后继乏力，为更多新兴旅游城市所赶超。中部应借力“一带一路”，打造“丝绸之路”旅游品牌；增强国际宣传力度，参加国际旅游推介会，增强与国际友好城市洽谈对接，让世界认识中国中部，了解中国中部。

中部应以历史文化资源为支点，打造更多团结海内外华人华侨的文化项目，撬动华人华侨资源，吸引侨胞归国投资、促进侨胞之间沟通交流，将散落在外的华人华侨紧紧拧在一起，发挥其重要力量，服务于“一带一路”建设。

五、培养高素质人才，支撑产业国际化发展

教育，尤其是高等教育作为中部的痼疾，长期以来制约其发展。在“一带一路”全线开放的时局之下，中部省份应当着力突破高等教育瓶颈：实现教育资源“引进来”，鼓励各大高校吸纳海外优秀教研人才，提升教研水平；建设“一带一路”中欧班列沿线国家校际交流、人才互换机制，拓宽学生视野；高校内部增强国别、语言研究，为“一带一路”企业“走出去”做好基础性服务。另一方

面，应大力推进高等职业教育，培养技术性人才，支撑产业发展；增强各个职业学校与企业之间的沟通对接，培养符合企业发展需求的人才；积极开展中外合作办学，引进优质国际教育资源，提高技术人才国际化水平，进而带动产业走向国际化，实现中部崛起。

六、树立规则意识，引导市场良性发展

规则意识是社会良性运行的基础。各市场主体应树立良好的规则意识，切实遵守各项市场规则，做好行业协调，不随波哄抢，不恶性竞争。政府应积极做好引导工作，维护市场良好秩序，避免企业一哄而上，陷入无序竞争，扰乱经济正常运行，强化法治精神，做好“裁判员”工作，恪守“裁判员”职责，不缺位、不越位。

“一带一路”将亚欧大陆重新带回全球发展的中心，给内陆发展带来机遇。中部省份作为中枢腹地，应当在“一带一路”中承担东西互济、海陆联通的角色，实现中原腹地经济崛起、文明崛起。

陕西：构筑“一带一路”内陆支点

马莉莉 西北大学经济管理学院世界经济与贸易系主任、教授

“一带一路”倡议自提出以来，经历了西部争相寻求国家定位、三部委联合发布顶层设计、各部门各地区着手各自建设等不同阶段。随着推进过程中的风险与挑战逐渐清晰，布局战略支点体系，成为展开“一带一路”建设的务实方案；而率先破题“自主转型升级”，更是陕西这类西部内陆支点需要肩负的历史使命。

内陆支点的意义

从现实需要来看，“一带一路”建设如果遍地开花将耗资巨大，从经济上看压力太大；而沿线很多地区所面临的发展问题在短期来看见效慢，广泛投资更不能给当地尽快带去收益，反而将消耗当地的合作热情，增加拓展难

度；此外，"一带一路"沿线一些区域有独特的宗教文化、复杂的地缘政治关系，甚至存在局部冲突和战争，需要做好应对各种复杂问题的准备。由此，通过支点辐射区域，能集中力量、定点突破，规避风险，形成影响，符合"一带一路"推进初期的现实需求，从整体上看，表现为战略支点体系的协同共建。

然而，基于地理位置、资源条件等不同因素限制，包括中国西部在内的"一带一路"沿线地区大多在市场机制下易于被边缘化，如何摆脱外围走向中心化，是"一带一路"建设的现实难题。历史并未提供太多经验，在外国探索难度远高于国内的形势下，西部率先创新发展思路，破题"自主转型升级"，成为内陆支点的核心建构意义。

20 世纪末期以来，在新兴科技和全球化导致竞争日趋激烈的背景下，跨国公司面对需求多样化及快速变化、订单响应要求提高、成本压力增大等严峻形势，开始集中于核心业务，将非核心业务外包，以往通过时间串联的生产流程被转换成所有供应链成员在空间上并存、同步化运作及相互串接的方式，以提高市场响应能力与水平。

这种各司生产流程不同环节的企业，因共同完成生产而相互联结的组织形式，称为网络企业；通过模块分解和相互联结形成网络企业的过程即为模块网络化。从生产流程的模块分解，到模块部门产生，继而模块企业独立化，以及因共同生产同一件产品使得各模块企业相互不可分离而形成网络组织，模块化的出现使生产流程内部的分工不断深化。更为重要的是,分工一旦深化到生产流程内部,各模块企业不断转向专业化发展,并通过网络组织的合作来应对异质产品市场的快速变化。

模块不等同于零件,它本身是可进一步分解的生产系统。由此,当模块分解使各模块企业产生出更异质化、更敏捷化的要素需求时,模块网络化成为能够促进分工深化的循环累积强化机制。

可见,模块网络化的独特属性使其代表了生产力发展的方向,也为通过分工深化开辟转型升级的道路提供可能。在市场基础设施或条件残缺的西部内陆地区,有必要通过"市场与政府"的协同,来驱动新型发展机制以建构自主转型升级系统。

陕西建构战略支点的创新实践

产业链条展开模块分解继而分工深化的前提是产品销售规模的扩大,以及所需高质量要素的供给,创造条件驱动内生的模块网络化机制成为建构自主转型升级系统的必要路径。作为西北首要经济中心,陕西深处内陆,具有一定的工业发展基础,外向化程度低,其建构战略支点的创新实践就在于以下几点:

第一,确立攻坚性主导产业,为生产性服务业、流通性服务业、公共服务等先进服务业的繁衍开辟道路。促使新兴产业先行孕育,绝不等于其可以孤立发展;没有实体产业的应用,先进服务仍然难以可持续地发展下去。因此,选择若干实体产业作为主导产业，攻坚性地寻求突破，对于陕西来讲甚为关键，既可以为先进产业的衍生提供母体与根基，又可以积累产业转型升级经验，为后续产业的培植奠定基础。根据陕西的资源特点和发展基础，机械制造、能源产业和现代农业是具有发展潜力的主导产业。

第二，构建开放型经济平台与体制，为在国内外大市场中集聚产业创造条件，使各项建设重点服务于产业转型升级，并反过来通过转型升级推动各领域工作，包括培育和发展开放型市场主体；构建新型大通关协作机制，加强跨区域口岸协作，探索构建口岸大通关协作新机制，提高口岸通行效率，降低贸易成本，便利要素、商品和服务的国内外流动；建设高水平、宽领域、多层次开放合作平台等。

第三，将内外国际化协同起来，助推本地产业转型升级。内外双向国际化的目标并不是为国际化而国际化，而是根据本地产业转型升级的需要，以为之服务为宗旨，探索适合自身基础的内外向特色国际化模式。

具体而言，一方面，通过引入高科技外资企业，特别是高科技制造企业，引入产业体系，有利于陕西先进制造业及其人力资源培育，助推陕西内向国际化发展；同时建设一批科技创新示范园、高新技术试验园、科技成果转化园等，支撑西安城市创新能力发展；另一方面，以国内外需求为导向，引导陕西本地企业“走出去”，建设海外产业园区平台，目标是培育境外资产管理等高端生产性服务在本地衍生，助推本地产业升级。同时，通过建立公共服务发展中心、国际物流服务中心、综合商务配套区、人力资源培育与支持平台、欧亚经济论坛、领事馆区、丝绸之路城市联盟、西洽会暨丝博会等软硬件综合配套支撑体系，推进陕西特色的国际化发展。

第四，构建“多轨制”弹性开放模式。“一带一路”以中心城市差异化产业聚集为引领力量，强化自主独立发展，发挥中心城市间分工协同的经济社会效应，夯实合作基础，实现共同转型与可持续发展。因此，从对外开放模式创新层面来看，陕西应构建“国际协调组织+主要城市群+中心城市+自由贸易园区+特色功能核心区”的“多轨制”弹性化开放模式。

具体而言，一是构建诸如欧亚经济论坛、“一带一路”经济合作论坛等国际协调机制，深化与韩国、俄罗斯、哈萨克斯坦等国家在经贸、基础设施、旅游、文化等领域的合作交流。二是建立主要城市群、中心城市间的政策沟通共享模式，构筑知识、信息、文化合作载体，探索与西南、珠三角、长三角等地区经贸协作的模式创新，加强与东盟自由贸易区、大湄公河次区域、中印缅孟经济走廊等的贸易合作。三是依托自由贸易区提升软硬件通达性和投资贸易便利化水平，助推开放产业集群、公共治理等不同层面模式创新。四是依托陕西周边分工体系的支撑，引导装备制造业、金融业、物流产业、能源加工储运产业、现代农业等产业，向具有不同特色功能的核心区有序转移与集聚，通过与外部地区建立起紧密联结关系，提升陕西的对外开放水平。

第五，打造社会与环境发展平台，以产业发展平台所需培育人力资源池。将潜在人力资源引导至服务于产业转型，这是陕西着重需要突破的领域。首先，推动教育培训体系的变革，使其与产业转型升级相对接，定制教育培训。其次，发展医疗、住房等满足家庭生活品质提升所需的公共服务，同样运用模块分解、网络联结的方式，提高其供给效率。最后，优化产业、居住所需空间和环境布局，探索弹性空间建设模式，使其适应产业转型带来的空间变迁，减少大拆大建造成的资源浪费和环境破坏。

借势"一带一路",中国西部有望实现"追赶超越"

姜万军 北京大学光华管理学院 西安分院院长

自2013年习近平主席提出"一带一路"设想至今的3年多以来,"一带一路"倡议得到了国内外各界的广泛认可和参与。

"一带一路"建设以"共商、共建、共享"为原则,旨在在欧、亚、非建立由铁路、公路、航空、航海、油气管道、输电线路和通信网络组成的综合性立体互联互通的交通和信息网络,并通过产业集聚和辐射效应形成建筑、冶金、能源、金融、通讯、物流、旅游等全方位、多产业的综合发展经济走廊,通过政策沟通、设施联通、贸易畅通、资金融通、民心相通等"五通"来推进贸易投资便利化,深化经济技术合作,建立自由贸易区,最终形成欧亚大市场,推动全球化的扎实推进和落地。

对于中国的国有和民营企业而言,“一带一路”倡议意味着全方位对外开放,在全球范围内整合资源市场和产品(服务)市场,不断提升自身的生产率水平和竞争力,实现企业的可持续发展。对于发展相对落后的西部地区,由于是发展洼地、价值洼地,潜在发展空间巨大,有可能吸引各类外来的资金、人才、技术等资源聚集,实现“弯道超车”。

具体而言,近期的机会至少包括以下几点:

(1) 借助设施联通的大力推进,补齐基础设施短板。因为基础设施互联互通是“一带一路”建设的优先领域。这里的基础设施不仅包括铁路、公路、机场、港口等交通基础设施,也包括输油、输气管道,跨境电力与输电通道等能源基础设施,更应该包括跨境光缆等通信干线网络、空中(卫星)信息通道建设。

(2) 借助贸易畅通的推进,参照国际经验和国内先进地区的经验,全面梳理各类经济、社会和行政管理制度,消除障碍,补齐制度建设的短板,营造各类企业一视同仁的公开透明的营商环境,帮助各类企业(包括国企、民企、外企等)走出去、引进来。

(3) 借助“一带一路”机遇加速资金融通的东风,缓解本地经济与社会发展融资难、融资贵的短板。

广大西部地区各级政府决策者和民营、国企的企业家,要抓住这一难得的历史机遇,充分发挥“后发优势”,在认真厘清本地的优势和劣势的基础上,扬长补短,实现“追赶超越”。

西部地区的优势与劣势

我们在陕西、宁夏、甘肃、青海、新疆、河南等地的深度调研发现，西部地区的主要优势包括以下两个方面。

(1) 区位优势。广大西部地区地处向西开放的前沿，是陆上丝绸之路沿线的重要节点。这些地区也是交通、能源、通讯等基础设施建设的必经之地。凭借区位优势，西北地区可以以沿线中心城市为支撑，以重点经贸产业园区为合作平台，共同打造亚欧大陆桥，中蒙俄、中国-中亚-西亚等国际经济合作走廊，使之成为中国及沿线国家，特别是西部地区经济可持续发展的新引擎。

(2) 资源优势。广大西部地区幅员辽阔，除了丰富的石油、天然气、煤炭、黑色和有色金属、贵金属、稀土等自然资源外，还有丰富的太阳能、风能资源。不仅如此，西部地区特色植物等农业资源也很丰富，如苹果、猕猴桃、梨、葡萄、枸杞、枣等特色水果，马铃薯、百合、啤酒花、棉花等特色农产品，以及当归、大黄、党参、甘草、红芪、黄芪、锁阳等丰富的中药材资源。

此外，西部地区还保留了丰富的历史与文化资源，包括周、秦、汉、隋、唐、西夏王陵等王朝遗址，如兵马俑、汉阳陵、茂陵、昭陵、乾陵；法门寺、敦煌、麦积山、嘉峪关、玄奘之路等为数众多的人文历史景观群落；以及如秦岭、壶口瀑布、雪山、雅丹地貌、戈壁大漠等自然风光，所有这些都是不可复制的独特旅游资源。西部地区还有丰富的传统文化和艺术资源，如华阴皮影、凤翔泥塑、剪纸、户县农民画、古民居遗存，以及众多其他非物质文化遗产项目等。

我们的调研发现，上述丰富的各类资源还没有充分发挥应有的效力。虽然造成这种局面的原因有各种不同的说法，但共性的短板主要有两个：

（1）意识短板。有相当比例的决策者（包括企业和各级基层政府部门）有小富即安的心理，缺乏不断进取的创新和奋斗意识，抱着“凑合”“将就”的心态，遇事以各种客观理由“推、挡、拒”，不愿意与时俱进地持续改进；留恋、固守原有经营模式、管理方式和制度，吃老本。有些基层官员甚至“做一天和尚撞一天钟”，在其位不谋其政，这种不作为的修仙态度，往往成为消解改革，乃至抵触改革的“绊脚石”。

（2）能力短板。对于政府决策者、企业家和创业者而言，要想实现企业和组织的可持续发展，需要不断采取前瞻性和创新性的策略和行动，才能争取持续的竞争优势。而实现这一目标的前提条件是，决策者有足够强的自身能力和所在机构的组织能力。

这些能力至少包括认知能力和执行能力两个方面。其中，认知能力又进一步分为对于社会经济发展大势的把握能力（认知和把握大势可以领先一步提前谋划布局），和对于所服务对象（包括消费者）的真实未满足需求的深刻理解的能力（可以发现潜在的市场机会和蓝海）。执行能力应该包括决策者个人的领导能力（可以帮助组建和维持高效的管理团队），和所在企业（机构）的组织能力,持续的组织能力建设是为了保证企业能把认知能力发现的商业(发展)机会,在尽量短的时间内,变成实实在在的可持续的竞争优势。

克服惯性、扬长补短

面对千载难逢的历史机遇,西部地区的决策者们,必须在梳理本地优劣势的基础上,开拓思路,摆脱惯性思维,扬长补短。具体而言,至少可以在两个方面发力。

1. 提振精气神,干字当头

无论是地方政府部门的决策者,还是一线企业的决策者,特别是"一把手",要按照习近平主席的要求,作为持续改革的关键责任人,不仅亲自抓、带头干,还要勇于挑最重的担子、啃最硬的骨头,不做推诿派,不做逍遥派,不做应付派,不做糊涂派。要干字当头,真抓实干、埋头苦干、结合本地实际创造性地干。不能简单以会议贯彻会议、以文件落实文件,更不能纸上谈兵、光说不练。地处西部的一线决策者,要充分发挥主观能动性,抓住机遇,以实干推动发展,以实干赢得未来。

2. 借助外援强化能力建设

面对新常态、新问题,要不断地自觉学习,克服"本领不足、本领恐慌、本领落后"。通过不断学习,避免"新办法不会用,老办法不管用,硬办法不敢用,软办法不顶用"的被动局面。

在这方面,大学可以发挥独特的基础作用。因为大学,特别是综合实力领先的研究型大学,具有优秀的师资团队、高效的服务团队,具有合作紧密和联系广泛的国际合作网络,具有丰富的优质在校生和校友资源。这些大学应该主动推进自身的供给侧改革,放下身段,“接地气”,积极主动地为社会经济可持续发展服务。大学应该逐步建成集创新人才培养、“一带一路”发展智库和创新产业培育示范基地三位于一体的,可持续发展所需各种资源聚集和融通的大平台。

要通过大学这一平台,借助于学位教育和非学位在职教育,帮助西部地区的各级政府部门管理者,和为数众多的国有企业、民营企业的决策者,不断实现自身能力的更新和升级。借助智库,研究当地政府和企业面临的实际问题,提出解决方案,帮助他们不断提升组织能力,实现机构的爬坡过坎,转型升级。此外,大学还可以利用在校学生和校友资源,深度参与“大众创业、万众创新”,通过创业实践,培育引领中国可持续发展所需的不断补充的未来企业家队伍。

企业在“一带一路”机会中应规避三大投资风险

周东春 智纲智库深圳中心副总经理

在我国政府提出“一带一路”倡议的背景下，中国企业又该如何把握“一带一路”的机遇呢？

三个阶段

从改革开放至今，中国企业“走出去”主要经历了三个发展阶段。

第一阶段：中国贸易“走出去”。

改革开放初期，是中国企业“走出去”的最早阶段，主要以进出口贸易、劳务输出和初级工程服务为主。这个阶段的“走出去”主要以国外办事处为存在形态，还停留于信息交流阶段，参与当地产业经济的深度比较浅。

第二阶段：中国投资“走出去”。

改革开放走上快车道之后，以央企、国企为代表的中国平台公司不断发展壮大，国家鼓励它们“走出去”，在海外投资基础设施，顺带援助相对落后的国家，包括能源、港口、公路、管网、信息等公共基础设施投资，但角色还是以乙方为主。与此同时，中国的一些制造型企业为了更好地实现全球化，增加国际影响力，主动在海外投资建厂，借助国外的技术力量和政策，逐渐实现了国外生产的本土化。

第三阶段：中国品牌“走出去”。

今天的中国已经站在一个新的起点之上，除了国企之外，民企也已发展壮大，实力雄厚，这些大型企业凭借强大的品牌影响力，不断向海外拓展。这个阶段是带着实力，带着信心，带着品牌“走出去”，角色已从乙方转变为甲方，参与内容也开始从传统的工程承包、投资建厂变成了产业运营、技术并购、创新交流、品牌输出等。这是新一轮的海外品牌和资本输出战略阶段，其玩法和手法与之前截然不同。

四大海外投资热点

在“一带一路”的新发展阶段，中国企业“走出去”的主要投资方向和热点有以下四个方面：

（1）基建能源交通领域：作为传统热点投资领域，主要是针对发展中和相对落后的国家，未来还有很大发展空间，主要以中交建、中电建、中铁等大型央企“走出去”为代表。但是，这些企业未来需要转变传统发展思路，要从乙方的工程承包商向甲方的综合运营商转变，修路建港口只是基础，沿线或周边的优质资源的控制和运营更为关键。

（2）特色园区运营领域：现在很多中国民企也在“走出去”，在海外动辄拿下几十乃至上百平方公里的土地，一般会按照经济特区、旅游度假区、产业园的方向去打造。在这个领域，从长线资源控制角度，未来会有很大发展空间。但是，由于海外跟国内发展背景截然不同，并且企业对项目未来战略发展创新思路并不是很清晰，所以，短时间内很难形成气候。所以，如何给海外特色园区项目找到魂魄，打通关联，如何创新发展模式，如何长计划短安排，显得至关重要。

（3）主题商旅地产领域：中国的不少大地产企业在海外都在进行房地产领域的相关投资，其中机遇和风险并存。由于土地私有制，以及国外没有中国超强的消费力，也未经历中国这样的快速城市化阶段，中国企业的传统套路不见得适用于“一带一路”相关国家的发展需求，反而那些具有潜质的主题旅游、特色度假、特色商业等方面的项目具有一定的持有价值和发展潜力。

（4）国际技术并购领域：国际技术并购是传统企业再创新的重要渠道，重点在高科技、新能源、通航、健康、金融、互联网等领域。中国的资本型企业和制造型企业，通过国际技术并购，不仅可以加快企业创新步伐，壮大企业发展规模，而且可以有效吸收目标企业的技术专利和技术人才，融合创新，实现企业的真正全球化。

除了以上四个方面，还有很多其他投资机会，每个企业需要结合自身的实力和资源，去发掘海外真正适合自身发展的战略投资机会。

企业需规避三大投资风险

在"一带一路"倡议实施过程中，中国企业"走出去"的机遇与风险并存，而风险方面尤其要引起重视。海外投资可能会面临层出不穷的问题，有遇到各种阻力被迫叫停的，有与当地文化和政策冲突，导致项目悬而不决的。所以，我们要深入研究和规避风险，防患于未然。

(1) 政治风险：政治风险是海外投资的最大不确定因素。国家环境动荡，对项目投资过于敏感，利益分配不均衡，涉及政治外交平衡，涉及国家能源安全等因素，都可能给项目造成很大阻力。所以，一个企业在进入一个国家之前，首先要进行全面系统的政治风险评估，判断政治风险指数和投资可行性，谋定而后动。

(2) 文化风险：要具备与本土文化、社会习惯和法律的兼容性。"一带一路"相关国家的经济、社会环境、语言文化、商业规则、法律体系、行业标准等方面情况比较复杂，对中国企业的适应能力和管理水平提出了更高要求。由于很多相对落后的国家缺乏会计、律师、咨询等中介机构，而中国的很多海外投资企业容易忽略本土文化、社会习惯、政策等方面的专业研究和评估，这会给企业在前期沟通、后期管理和运营等方面带来很大负面影响。

(3) 市场风险：要评估企业推出来的产品是否接地气，是否符合当地市场需求。因为很多国家的市场与国内市场没有可比性。我们在参与老挝一个城市综合体项目时，发现当地根本没有房地产市场的概念，更像几十年前的中国，只能通过创新的方式去另辟蹊径。所以，深入研究当地市场消费习惯和市场容量对于企业发展显得至关重要。

总之，中国企业要想更上一层楼，应当抓住“一带一路”这一难得的历史性机遇，主动参与国际分工，接轨世界发展标准，打开更为广阔的全球化市场。

高端对话

“一带一路”的合作空间来自共同利益

对话嘉宾

沙姆沙德·阿赫塔尔 联合国副秘书长兼亚洲及太平洋经济社会委员会执行秘书

联合国大会和联合国安理会于 2016 年 11 月和 2017 年 3 月先后通过决议，呼吁各国推进“一带一路”倡议。联合国秘书长古特雷斯也于 2017 年 5 月 14—15 日应邀在北京出席“一带一路”国际合作高峰论坛。这些都表明联合国对于“一带一路”倡议的重视。

就“一带一路”倡议的话题，联合国副秘书长兼亚洲及太平洋经济社会委员会(下称“联合国亚太经社会”)执行秘书沙姆沙德·阿赫塔尔(Shamshad Akhtar)在参加中国发展高层论坛期间接受专访时表示，联合国亚太经社会能在“一带一路”建设中发挥特定作用，其参与“一带一路”的一个举措是探讨“一带一路”如何加速和强化一些已有的次区域倡议。

曾在亚洲开发银行和世界银行担任高级职务的阿赫塔尔，有在国际组织和开发机构丰富的任职经历。目前，她格外关注“一带一路”下六大经济走廊的建设，认为虽然有的走廊是双边项目，但仍然能令多方受益。

比如，对于中巴经济走廊，来自巴基斯坦的阿赫塔尔有自己的观察。她强调中巴经济走廊不仅是中巴两国受益，同时能让阿富汗和中亚国家受益。

阿赫塔尔强调：“一旦双方有共同的利益，无论面临怎样的困难和复杂性，都会自动产生可以谈判的合作空间。中国和其他的合作伙伴将能够探索出符合实际需要的有效走廊。”

“一带一路”推动已有次区域合作

第一财经：您如何理解“一带一路”倡议？

阿赫塔尔：“一带一路”倡议广受欢迎，一些“走廊”的开发已经启动，但因为“一带一路”是一个长期的系统工程，它涉及多个国家和地区的多个行业，可能覆盖其他的区域合作和一体化倡议，比如在亚洲就有东盟共同体，它的目标也是实现同样的事情。

联合国亚太经社会参与“一带一路”的一个举措就是探讨“一带一路”如何加速和强化一些已有的次区域倡议。例如，如果要开发的交通网络专注于解决东盟地区的公路或铁路缺失环节，走廊开发将腹地联通至港口，在这个过程中，联合国亚太经社会就能发挥特定的作用。

首先，我们能够接受“一带一路”参与国和中国的委托来进行分析工作，从多边的角度提供独立建议，包括如何推动“一带一路”的多边合作，如何在联合国亚太经社会的平台上进行双边和多边合作的谈判。

其次，我们有交通、能源、通信、贸易与投资等不同的委员会，这些委员会能够共同推动“一带一路”。“硬”基础设施外，我们还会加强政策等“软”基础设施的联通，各国也需要作出相应的政策改变。比如，减少关税壁垒将促进中国和“一带一路”参与国的经济增长，采用电子跨境贸易协定能够减少贸易的时间和成本。有了这样互联互通的“走廊”才能将经济效益最大化。

双边经济走廊令多国受益

第一财经：“一带一路”率先受益的国家是东南亚和南亚。您在联合国工作，如何评估这些地区的国家对“一带一路”的看法？中国应该更关注合作伙伴的哪些需求？

阿赫塔尔：第一，大家都对“一带一路”倡议很兴奋，因为所有国家都能从“走廊”的开发中获得发展。整个“一带一路”有六个经济走廊，即使只聚焦于一个“走廊”的发展，也不意味着只有这个国家能获益,更多的国家能自动得到帮助。比如中巴经济走廊,它不仅令中国和巴基斯坦受益,实际上会帮助像阿富汗和塔吉克斯坦等内陆国家利用巴基斯坦的瓜达尔港出海。

第二,从中国的角度来看,加强某些要素是很重要的,例如,在进行某项基础设施项目时,我们必须尊重项目的社会环境保障,同时还应该着眼于与“走廊”相关的有利环境和政策,这样可以最大限度地利用优势。

第三,建设“一带一路”不仅仅是铺设道路网,更重要的是要有能源的联通,要有信息通讯连接和沿经济走廊的工业化,这样可以在道路网上获得更高的使用频率。

我认为我所代表的联合国亚太经社会是一个中立的平台,它不偏袒任何国家。在我们的平台,我们已经在亚太地区的多区域合作和一体化方面进行过多次讨论,那不是“一带一路”,是已有的区域合作和一体化,所以我们正在开展的是与亚洲互联互通有关的工作。我们目前正在促进东盟地区电网的联通,“一带一路”倡议很重要的作用是参与国对一些区域倡议的参与更加密切了,因为“一带一路”对一些已有次区域一体化倡议的推动增强了参与国的信心。

联合国亚太经社会的工作也同样适用于所有 60 个国家,“一带一路”成员与联合国亚太经社会成员高度一致,我们可以协同中国建立合作伙伴关系来推动“一带一路”具体政策的落地。可以通过联合国亚太经社会的平台来推动政府间会议讨论“一带一路”,也能增强参与国对“一带一路”建设的信心。但这并不是说联合国亚太经社会将代表中国政府,我们会进行独立的分析,并且邀请各方参与讨论。

前期调研与风险评估十分必要

第一财经: 您是巴基斯坦人,您怎么评估中巴经济走廊？有人认为风险太高,有人认为中巴经济走廊的实践难以复制到其他“一带一路”沿线国家。

阿赫塔尔: 事实上这里涉及几个问题。

首先是中巴经济走廊是否可复制的问题。我们知道,中印是亚洲的两个大国,中国和巴基斯坦有着长期坚固的合作关系,但同时,印度与孟加拉国、尼泊尔、不丹和斯里兰卡等区域内国家也有长期合作关系。所以我不认为有什么不对的,因为“走廊”将是特定优势的发展,但也涉及复杂的交易。这体现了建立信任的重要性,尤其是当你面对一个复杂而具有挑战性的问题时。

很明显,对于任何双边项目,巴基斯坦和中国有充分的时间评估其经济价值,适当的前期调研与风险评估十分必要。我们听到丝路基金、渣打银行都强调增加金融支持的重要性。我并不具体了解中巴经济走廊的细节,但我确信巴基斯坦政府需要对中国和其他参与走廊建设的机构作出承诺和保障,从而获得走廊建设的融资。

至于可复制性，我认为不是一个问题。因为很多国家和巴基斯坦一样，都面临能源基础设施短缺的问题。所以很多国家都非常渴望得到“一带一路”倡议的支持。一旦双方有共同的利益，无论面临怎样的困难和复杂性，都会自动产生可以谈判的合作空间。我认为中国和其他的合作伙伴将能够探索出符合实际需要的有效“走廊”。

采访+整理：王　琳

访谈时间：2017 年 5 月

TIR 系统让中国货车在“一带一路”跑得更快更远

对话嘉宾

曲鹏程 国际道路运输联盟东亚及东南亚代表处首席代表

中国与 14 个国家接壤，是世界上接壤国最多的国家，拥有 2.2 万多公里的陆路边境线。截至 2015 年底，中国已经开通了 178 条国际道路货物运输路线，完成了货运量 3 700 多万吨。

不过国际道路运输联盟（IRU）在 2017 年发布的《释放国际道路运输潜力，服务“一带一路”建设》报告中指出，中国的国际道路运输贸易仍存在不少制约瓶颈：国际道路运输规模不大，在国际运输中所占比例较小——约占总量的 10%，仍有扩展空间。

2016 年，中国加入了联合国《国际公路运输公约》（TIR 公约），成为联合国《TIR 公约》第 70 个缔约方。已经有 42 个“一带一路”相关国家加入《TIR 公约》。

前述报告还预测，TIR 系统将有效降低中国与“一带一路”相关国家，特别是中亚、西亚、南亚和东北欧区域之间通关时间，提高通关效率；如 TIR 系统在中国成功实施，将使中国每年与“一带一路”沿线主要国家进出口贸易额最多可增加约 135.83 亿美元，其中出口增加 23.03 亿至 78.6 亿美元。

IRU 东亚及东南亚代表处首席代表曲鹏程在接受采访时表示，2016 年中国的加入，意味着这一系统连接了大西洋和太平洋。而“中国加入之后，很多其他国家也对 TIR 系统表达了非常强烈的兴趣，包括印度、越南、沙特阿拉伯、埃及等”。

曲鹏程称，“一带一路”国际合作高峰论坛期间，IRU 将同中国两大部委商讨签订谅解备忘录，达成高层次框架，推动中国国际道路运输事业的发展，同时也推动中国加入更多联合国交通贸易便利化公约，使中国和其他“一带一路”相关国家，尤其是丝绸之路经济带相关国家，在相同的国际标准、规范之下进行交通与贸易，“我们正在做的是跟中国的相关机构通力合作，争取这套 TIR 系统能在中国早日实施，我们希望今后能有更多的带着 TIR 标识牌的车辆行驶在中国的道路上。”

在很多欧亚大陆国家公路运输是唯一选择

第一财经：与传统的铁路运输和海运相比，使用国际公路运输对于中国参与"一带一路"建设的相关方而言,有什么突出的比较优势?

曲鹏程:中国是世界上接壤国最多的国家,一共有14个接壤国,但是在"一带一路"大环境下,我们看到与其他的交通运输方式相比,国际道路运输的潜力还尚待开掘。道路运输行业指的是,通过卡车把货物从一个国家的某一个地点运到另外一个国家的目的地,其中的特点是对基础设施的依赖较小。道路运输还具有机动灵活、组扩方便、周转速度快等特点,比如一单货,能装40英尺的集装箱,找一辆卡车就可以运输,如果只有一半的货物,装在一个20英尺集装箱里也可以运输走,而铁路运输一般情况下,一般会有40到50个集装箱,需要等货物都准备好了才可以发货。

此外,道路运输最大的一个特点,是可以实现门到门的运输,可以实现从工厂到客户,或者是两个工厂之间的门到门运输。日常生活中几乎所有货物都在某一个时间点内是在卡车上通过道路运输实现。道路运输与海运、铁路(运输)相比,在运输成本和效率上具有综合优势。

举例而言,如果从中国把40英尺的集装箱运送到波兰(波兰是中欧铁路重要目的地),海运需要30天,成本是3 000美元上下,用铁路运输为12~14天,成本大概为9 000美元。使用公路运输,哈萨克斯坦的运输公司(中国卡车目前还不能开到波兰)从相关口岸揽货运到波兰与白俄罗斯交界口岸,距离约6 000公里,大概耗时10天,成本是5 000美元左右。

另外非常重要的一点是，通过铁路运输，需要有铁路线路，而在中国邻近的一些国家中，铁路线路的网络并不是那么发达，而道路运输的网络却四通八达。在中国周边的这些"一带一路"沿线，尤其是中亚国家，甚至包括高加索地区的国家，不是所有地方都有铁路。铁路在很多情况下不是一个选择，在这种地理和经济发展的形势之下，有时候公路是唯一的选择。而正如我前面所讲，哈萨克斯坦的运输公司就正在从中国承揽货物运到远至德国、波兰等地。

中国的 14 个接壤国家中很多是内陆国家，比如蒙古、哈萨克斯坦、塔吉克斯坦、阿富汗等，从历史发展来看，国际道路运输也是中国与这些国家最传统、最基础的运输方式。我们希望在中国"一带一路"建设中，可以更好地发挥国际道路运输的优势，更好地释放国际道路运输的潜力，以后有更多货物通过卡车来实现。

助力六大经济走廊建设

第一财经：公路跨境运输在欧洲是比较成熟的行业，请问在中国目前跨境运输的企业规模如何?

曲鹏程：国内目前跨境运输的企业情况，我们从相关渠道部获得的数据是，中国从事与"一带一路"国家国际道路运输的企业数量是 300 家左右，这个数量是非常小的，尤其是与中国第一大贸易国身份地位相比。土耳其有 2 000 多家公司从事国际道路运输，波兰有 6 000 家公司从事国际道路运输。在"一带一路"倡议的大背景之下，中国的国际道路运输事业还有非常大的发展空间。

国际道路运输事业在欧洲发展比较早。国家相对小，有贸易需求，欧洲经济发展得也比较早，甚至在“二战”前就有国际道路运输业务；中国主要的经济发展中心还是在中国东部、南部尤其是东南沿海，而中国改革开放以来，主要以加工出口的模式来发展经济，所以在绝大多数情况下，东南沿海地区生产的产品通过海运被运到了欧洲、美洲等地。

中国的国际道路运输事业，如果说有一个时间点的话，1991年中国同蒙古签署了第一个道路运输协定，才开启了国际意义上的道路运输，所以中国国际道路运输事业发展得比较晚，如与欧洲

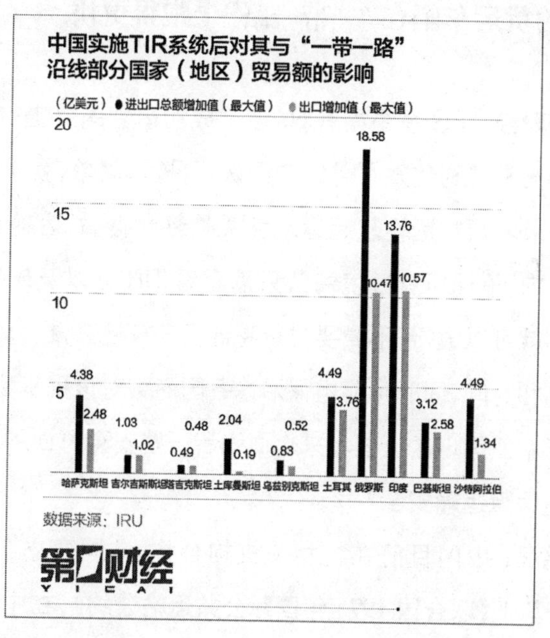

相比,对方已经发展半个多世纪了。虽然发展得比较晚,但是发展得比较快,中国与周边的这些国家,除了阿富汗以外,目前都有双边或多边的道路运输协定。

"一带一路"倡议提出,中国要加强与周边国家的联系,且中国提出了"六大经济走廊"建设,其中包括中蒙俄、新亚欧大陆桥、中国-中亚-西亚、中国-中南半岛、中巴、孟中印缅等,这些经济走廊是需要通过道路运输来实现的,铁路虽然有,但是铁路并不能充分连接各个城市区域、乡镇,包括产品、资源的生产地。为此,我们看到了非常好的机会。

让中国的货运车辆在"一带一路"上跑得更快

第一财经: TIR 系统具有 60 多年成功运营的历史,在促进全球运输和贸易便利化方面得到广泛认可,模式简单,就是采用 TIR 证件的集装箱货物运输从起运地海关检查封存后,运输到达目的地海关之前,沿途所有过境海关只需查看 TIR 证以及未被破坏的海关封印就可以放行,不需要对货物进行开箱检查,极大地简化了过境程序和时间,同时也能担保沿途各国海关对该批货物的关税。不过由于中亚等地区近些年来也面临着一些安全方面的考验,TIR 系统如何保障运输安全?

曲鹏程: 中国目前在与相关机构合作,共同建立 TIR 系统。TIR 系统基于《联合国 1975 年国际公共运输公约》,在中国加入之前，从哈萨克斯坦直到英国，以及俄罗斯、蒙古、伊朗、土耳其等国家都已经在使用 TIR 系统进行跨境公路运输，本身 TIR 系统在欧亚大陆其他地方已经运营了 60 多年。

至于你所提到的使用 TIR 系统运输的安全性问题，譬如在中亚可能存在恐怖组织的行动等，首先涉及可以使用 TIR 系统进行运输的公司资质问题。公司的选择要经历一个程序，且对运输公司的认证行为是非常重要的一个过程，其中包括只有经批准的承运人和车辆才可以使用 TIR 证进行跨境运输；同时，现在随着科技的发展，检验的方式也有所不同，比如有较大的 X 光机，卡车通过时就可以对货物进行检验，而且还有更灵活的 X 光检验机，检验机

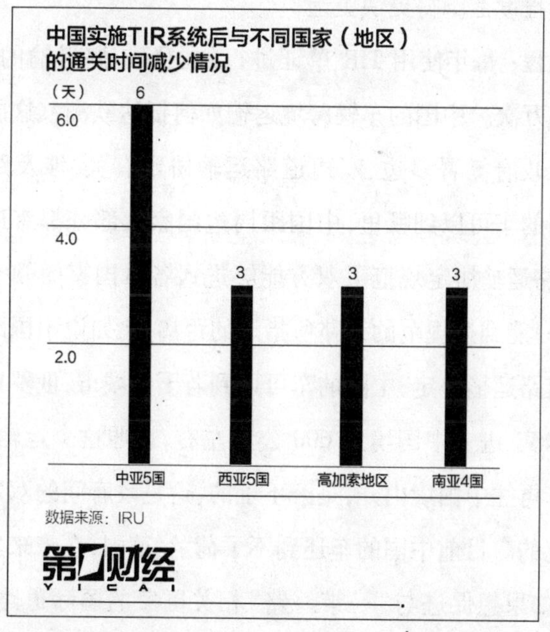

放到一辆车上，绕着这个卡车开一圈，卡车里的货物就能够看到了。据我们所知，通过国际道路运输来实现恐怖主义目的的行为并不是特别多。我们有一个数据，2013 年的时候使用 TIR 单证进行运输的货车一共约有 300 万次，涉及违规行为的只有一百多次（偷漏关税、私藏货物等），TIR 目前为止是最安全的运输体系。

第一财经：按照相关测算，使用 TIR 通关，将有效降低中国在与“一带一路”相关国家，特别是中亚、西亚、南亚和东北欧区域之间的通关时间，提高通关效率，预计可以降低通关时间 30%～80%，减少 0.5～1 天，最多 3～6 天的时间。这意味着中国的国际运输在何种程度上跑得更快更远？

曲鹏程：每年使用 TIR 单证进行的国际道路运输的次数，大概是 100 万次。中国的车辆跨境运输如何抵达欧洲？这同中方与其他国家政府签署多边、双边道路运输协定有关，涉及路权的问题。中国的车可以到哪里，中国跟周边国家大部分都有道路运输协定，道路运输协定规范了双方能够进入各自国家的领土行驶的距离，车只能到达规范的线路所指定的距离，比如说中国跟俄罗斯有双边道路运输协定，中国的车可以到若干个城市，俄罗斯的车可以到哈尔滨，进入中国境内 600 公里左右，按照这个运输协定，俄罗斯的车再往中国境内开，是开不了的，这是政府间的双边运输协定所确定的。目前中国的车还到不了荷兰、德国，在未来发展过程中，中国如果想促进与“一带一路”相关国家的国际道路运输，中方可以同更多的国家签署双边或者是多边道路运输协定，让中国的车走得更远，也让其他国家的车来到中国的境内。而 TIR 公约能做的事，就是能够让行驶在“一带一路”相关国家的货运车辆走得更快。

采访+整理：冯迪凡

访谈时间：2017 年 5 月

支持中巴经济走廊是(巴)全国共识

对话嘉宾

塔里克·法塔米 巴基斯坦外交国务部长

中巴经济走廊被定义为中国提出的“一带一路”倡议的“旗舰项目”,自 2015 年 4 月中国国家主席习近平访问巴基斯坦启动走廊项目以来,“比海深、比山高、比蜜甜、比钢坚”的中巴关系迎来政治、经济、文化多领域全面合作的新阶段。

中巴经济走廊下中国对巴基斯坦 400 多亿美元的投资,迅速改善了巴基斯坦的经济状况和外界对巴基斯坦的发展信心,但同时,在民族宗教复杂、党派利益林立、恐怖形势严峻的巴基斯坦,对于发展资源的渴望也间接引发了不同党派控制的不同省份对于走廊建设的竞争和激辩。

塔里克·法塔米(Tariq Fatemi)是巴基斯坦总理纳瓦兹·谢里夫的外交特别助理,是除总理外负责巴基斯坦对外关系的主要负责人。两次相见时隔一年,中巴经济走廊建设中的机遇和挑战多已显现。法塔米在此次专访中,直面中巴经济走廊建设中安全形势、党派协调、地区平衡、大国博弈等多个问题。

让步协商是睿智之选

第一财经: 巴基斯坦领导人是如何促进各省政府和各党派都能支持走廊建设,增强政治共识和支持的?

法塔米: 生活中充满了需要磨合让步的地方。每一个个体、社会、国家都需要在不断妥协磨合中发展。这也是巴基斯坦现在遵循的一些处事之道。通过让步来找到更好的替代选择并不是妥协,这其实是一个非常睿智的选择。

中巴友谊拥有悠久的历史。许多不同的政党以及领导人都为这段友谊的发展做出了极大贡献。中巴友谊能够如此长久意味着,在与中国关系的问题上巴基斯坦全国具有共识。中国在各个时期都曾慷慨支持过巴基斯坦,这也是中巴友谊能长存的原因。

巴基斯坦人的共识有四点:第一,都非常支持与中国合作的快速增长;第二,都认为中国一直是巴基斯坦最信任与互助的好伙伴;第三,中巴友谊有利于地区稳定和平的发展;第四,中巴合作需要扩展到更多领域,并且不断增强互助。

在中巴经济走廊问题上，巴基斯坦有绝对的一致性。我甚至都不知道任何其他国家对任何事务有如此高度一致的全国性共识。中巴经济走廊对中巴双方都十分有益，对周边地区乃至全球范围内的和平稳定来说都十分有益。

建立相关机制应对潜在挑战

第一财经：中巴友谊久经历史考验，但相当长时间基本维持在政治和文化层面上，现在通过中巴经济走廊的建设要延伸到经济层面。同时中国与过去 30 年、50 年的样子也完全不同了，政府、企业和个人有不同的利益。在经济发展过程中不可避免会产生贫富极端分化、社会差距拉大等情况。这是否会成为中巴经济走廊发展的一个潜在风险？可否采用一些机制来避免这一风险？

法塔米：这是一个非常深刻的问题。如果仅仅因为中巴有一个很好的历史关系，就阻止中巴企业进行经济性的合作，因为这些经济活动可能会为双方带来差异，这样是合理的吗？也许中巴双方企业都会由于对方的个别表现而感到失望，但应该因此就阻止双方进行合作吗？当然不！这些都是我们政府应该面对的很常见的挑战，同时我们也需要建立一些正确的机制，包括社会、文化机制来解决这些问题。

而最重要的事情是政府必须要远离市场。这就是为什么在许多能源、交通和基础设施建设项目中，参与的大都是私人企业及群体。中巴双方政府都将自己的影响限制在某些较敏感或重大战略领域当中。

举例来说,巴基斯坦政府没有参与任何道路或能源建设项目与中国企业的合作。中巴企业都在自行挑选它们的合作方、决定条款和利益分成。其中一定会有差异,也会有失望,甚至利益分成的冲突。这都是很自然的,难道应该因为这些而阻止中巴合作吗?

采访+整理:王　琳

访谈时间:2017 年 5 月

中巴经济走廊对所有人都有益

对话嘉宾

阿赫桑·伊克巴尔　巴基斯坦计划和发展部部长

被视为"一带一路"倡议旗舰项目的中巴经济走廊自 2015 年 4 月在中国国家主席习近平访巴期间启动以来,在超过 400 亿美元投资的带动下,进入快速推进期已有时日。2016 年末,由中国金融期货交易所牵头组成的中国财团以 8 500 万美元收购了巴基斯坦证券交易所 40%的股份。

阿赫桑·伊克巴尔(Ashan Iqbal)是巴基斯坦方面负责中巴经济走廊落实的一号人物,他在担任巴基斯坦计划和发展部部长的同时还担任巴计划委员会副主席,兼任中巴经济走廊联委会的巴方主席。受过系统的工程师训练、在宾夕法尼亚大学沃顿商学院接受了商科教育的他,也是巴基斯坦各个部长中唯一将巴"2025 计划:

同一个国家,同一个愿景”印在名片正反两面的高级官员。

中巴经济走廊推进以来,中巴双方普遍关心的问题有三个:一是政治共识,如何能够联动团结巴基斯坦各党派和各省份共同投入到中巴经济走廊的建设中来;二是安全形势,作为受恐怖威胁危害最严重的国家之一的巴基斯坦,虽然在近年来专门进行了打击恐怖分子的特别行动,但在全球反恐局势紧张的情况下,如何保证本国人民和参与中巴经济走廊建设的中方企业与员工的安全,成为一大挑战;三是时间与截止日期,中巴经济走廊分为早期收获和中远期项目,后者是中巴要合作二三十年的项目,但巴现政府希望更多的走廊项目,特别是能源和道路基础设施项目能够在其2018年夏天举行下一次政党大选前完成。

伊克巴尔在带领由巴各省首席部长等高官组成的代表团来京参加中巴经济走廊联合工作委员会第六次会议期间,接受了《第一财经日报》记者的专访,正面回应了外界普遍关心的上述问题。他说,中巴经济走廊对稳定巴基斯坦局势和促进地区发展有重要作用,同时表示中巴经济走廊所带来的在巴投资机会欢迎各国投资者参与。

有机会成为超大统一市场

第一财经:伊朗、俄罗斯以及中亚的一些国家对中巴经济走廊都表示了参与的兴趣,中巴两国是否就其他国家如何参与中巴经济走廊做出安排?

伊克巴尔: 中巴经济走廊是中巴两国的双边项目,但中巴经济走廊的辐射力度很大,还将让其他南亚国家以及中亚地区受益。因为互联互通的项目正在建设,地区的互联互通将能把地区各经济体联合起来。在我们南亚、中国和中亚地区,共有30亿人口。中巴经济走廊有机会将这30亿人口融合在一起成为一个超大的统一市场。因此,其他国家对中巴经济走廊也有了越来越强的兴趣,希望参与到中巴经济走廊的相关投资机会中。巴基斯坦的投资机会是对全世界所有投资者都开放的,可以投资在中巴经济走廊之下建立的工业园区,可以用瓜达尔港来进行贸易,也可以沿着中巴经济走廊来建立物流供应链,这些都是欢迎的。这样的投资兴趣我们中巴两国都非常欢迎。中巴两国在这方面已经达成谅解,中巴经济走廊的扩大以及引入任何一方都需要中巴两国共同同意。

第一财经: 政治共识对中巴经济走廊的共识非常重要。巴各省首席部长参加了此次中巴联委会会议,未来将如何进一步加强巴基斯坦各政党、各省对中巴经济走廊的共识与支持?

伊克巴尔: 所有巴基斯坦人民都欢迎中巴经济走廊,巴基斯坦各省首席部长悉数参加第六次中巴经济走廊联委会会议,体现了巴基斯坦整个领导层对中巴经济走廊的政治承诺。这是巴基斯坦所有的省份、所有的政党增强对下一步走廊项目的支持的体现，我们希望通过在中巴经济走廊合作框架下加入更多省份的更多项目，让更多的省份参与到中巴经济走廊项目建设中来。中巴经济走廊的成果和红利将惠及巴基斯坦各个地方，将在巴基斯坦创造包容性发展。

巴基斯坦联邦政府和谢里夫总理非常关切巴基斯坦大多数欠发达地区，我们非常希望通过中巴经济走廊建设，俾路支和KP省的偏远落后地区能得到更多的投资机会，来实现巴基斯坦境内和跨境贸易。我们希望能在巴基斯坦实现包容性发展。希望中巴经济走廊在各省更有力的政治承诺和支持下，以更快的速度完成。我认为这次各省首席部长来华参会对投资者是一个很好的信号，表现出巴基斯坦团结起来支持中巴经济走廊。

所有进展都快于预期

第一财经：巴基斯坦为保护中巴经济走廊的安全与顺利实施，特别安排了近万人的安保部队。中巴双方是否商谈确定了可持续的安保投入资金来源？

伊克巴尔：巴基斯坦有责任来提供并保障巴基斯坦的安全部署。我们从中巴经济走廊投资项目中来获取安全投入的成本，来保障安保投入的可持续。目前的安全形势是由于巴基斯坦的过去的问题造成的，我们希望接下来几年，巴基斯坦的安全形势能够达到正常水平，在巴基斯坦军方和相关安全部门的负责下，巴基斯坦过去 3 年所采取的特别安全行动取得了杰出的成果，改善了安全形势，我们希望很快巴基斯坦的安全形势能够正常化，我们将不需要再额外支出这部分安全成本。

第一财经： 您如何评价中巴经济走廊在时间上的进度？

伊克巴尔： 中巴经济走廊的一大特色就是目前所有的走廊项目的进展都快于预期的时间表。目前中巴经济走廊项目的推进记录非常好。我们希望所有已经开工的项目都能及时完工，我们也希望此次会议能通过一些新项目，这些项目能够尽快开工，希望能增加中巴经济走廊的投资项目，能够增加新领域的投资。同时希望通过中巴联委会，能够开启中巴人文交流，加强媒体交流，进行电影拍摄合作，戏剧演出合作，让中巴两国的艺术家都参与进来，促进中巴两国人民的交流。中文已经成为巴基斯坦最流行的外语，每个巴基斯坦年轻人都希望学中文，中国人对乌尔都语也越来越有兴趣。希望很快乌尔都语能够成为中国的第二语言，中文成为巴基斯坦的第二语言。

中巴经济走廊带来稳定

第一财经： 最近，中国金融期货交易所和上海证交所等机构组成的中国财团入股了巴基斯坦证券交易所，您如何看这一投资项目?

伊克巴尔:中国财团购买巴基斯坦证券交易所股份再次证明了中国投资者对巴基斯坦经济的信心。巴基斯坦是一个拥有2亿人口的经济体,其中三分之二是年轻人口,近8 000万的中产阶级,巴基斯坦增长动力和人口红利的吸引力很大。过去15年,巴基斯坦的经济潜力没有充分发挥出来,表现不佳,整个巴基斯坦是被低估的资产。如今人们发现当下是在巴基斯坦投资取得良好投资回报的好时机,很快巴基斯坦将成为被所有投资者珍视的投资目的地。率先到巴基斯坦兴业的投资者将首先获益,巴基斯坦各个领域都为投资者提供了机会。

第一财经:一些国家担心中巴经济走廊会改变南亚地区,带来地区的不稳定和不平衡。您如何回应这种担心?

伊克巴尔:中巴经济走廊对所有人都有益。因为中巴走廊带来了上百亿的投资。巴基斯坦所在的地区处于冲突与动荡中很多年了。没有中巴经济走廊的投资,巴基斯坦的经济无法稳定下来。稳定了巴基斯坦对地区的发展所起作用也是非常积极的,巴基斯坦的政治稳定与经济稳定发展息息相关,中巴经济走廊帮助巴基斯坦经济稳定发展,提供更多就业,同时还提供了区域合作的机会,南亚地区有更多区域合作机会,这对南亚的和平与稳定也很有帮助。因此其他国家无法忽视中巴经济走廊在这两个重要方面的积极作用。

第一财经：巴基斯坦成为中国倡议成立的亚洲基础设施投资银行的创始成员国，亚投行第一年运营批准的九个项目中有两个落地在巴基斯坦。您对此如何评价？

伊克巴尔：巴基斯坦非常荣幸成为亚投行的一部分，也非常有幸看到亚投行第一年的多个项目落地巴基斯坦。亚投行是中国为世界发展做出的重要贡献，给很多发展中国家获得发展融资提供了新的机会，全球的发展融资正在缩减，世界银行、亚行等其他国际多边开发机构无法满足发展中国家的需求。

采访+整理：王　琳

访谈时间：2016 年 12 月

印度等待“一带一路”细则公布

对话嘉宾

艾米塔尔·康特 印度商工部副部长

正在大力发展制造业的印度，期望搭上亚洲基础设施银行（亚投行）的快车。

2014 年 9 月底，印度总理莫迪启动了其任上被视为最具雄心的制造业大计“印度制造”（Make in India），如今，包含大量铁路、公路网、智能城市的“工业走廊”项目正在印度国内稳步兴建。

作为亚投行首批创始会员的申请国，印度成为仅次于中国的第二大股东。

在接受采访时，印度商工部副部长艾米塔尔·康特（Amitabh Kant）强调，由于印度国内正在大兴制造业，尤其是鼓励基建领域的发展，因此迫切需要长期、稳定的资金来源，亚投行是一个很好的选择。

其实，早在亚投行出现之前，印度国内的基建发展也一直与包括世界银行、亚洲开发银行在内的多边金融机制进行合作。但是，由于此前印度有过基建项目被世行拒绝的经历，所以对于未来10年印度国内基建融资近1万亿美元的庞大缺口，莫迪政府一直期待更多的多边金融机制能对印度国内的基建施以援手。

扭转贸易逆差是当务之急

第一财经： 去年，中国国家主席习近平访问印度，带动了中印经贸往来的小高潮。在你看来，目前，中印经贸发展的最大障碍是什么?

康　特： 我认为，并没有什么主要的障碍。中印关系的未来在于彼此间的经贸合作。去年，中印经贸额已达660亿美元。

中印经贸之间仍有很大的发展潜力和空间。我们希望中国投资者能更关注印度的制造业和基建领域。中国在城镇化以及制造业领域发展经验丰富，成了“世界工厂”，因此有许多经验可供印度借鉴。

目前，美欧经济增速下滑，两者都是中国出口的传统市场。但是，回过头来看印度。印度拥有2 300万的中产阶级，国内市场需求旺盛。因此，投资印度的基建和制造业领域，是对美欧传统市场经济不景气的一个替代，对于中国投资者而言不失为一个很好的选择。

第一财经：中印经贸发展的当务之急是什么？

康　特：中印2014年双边贸易额为660亿美元，中国向印度的出口额近510亿美元，逆差显著。我们正在扭转这一局面。目前约有150家中企在印度运作。2014年，中国国家主席习近平访问印度后，中印双方又决定在古吉拉特邦和马哈拉施特拉邦分别建立一个中印产业园。印度政府将向两个产业园的发展投资200亿美元。在中印贸易不平衡的当下，我们呼吁中国企业到印度当地去生产，将制造业中心转移到印度。

过去十多年来，中国企业较少关注印度市场的一个原因便是双方缺乏有效的信息沟通和了解。因此，为未来吸引更多的中国投资，莫迪总理倡导的“印度制造”计划就是希望将印度在制造业、基建领域的潜力展现给世界市场。我们也会对前往印度投资的中国企业给予全方位的协助。

获得长期低息贷款是关键

第一财经：目前，印度是亚投行的意向创始成员。对于印度而言，最关注亚投行的哪些动向？

康　特：印度之所以对亚投行青睐有加，是因为印度政府一直坚信，亚洲的未来在于良好的基础设施建设。所谓良好的基建设施必须是具有可持续性的，而且是智能的，比如完善的城镇化、优质的水资源、运输通畅的交通基建，以及废品回收体系等。所有这些都需要长期稳定的融资渠道。因此,融资和完善的项目架构是上述领域得以发展的关键。

亚洲各国应该建立一个避免重蹈西方国家发展教训覆辙的新模式。因此,大力发展基建以及基建方面稳定的融资渠道是确保亚洲继续可持续发展的核心。

第一财经: 包括印度"工业走廊"在内的"印度制造"计划推出至今,运行中遇到的最大挑战是什么?

康　特: 的确,印度的"工业走廊"计划正在实施进程中。这些工业走廊基于此前印度国内的货运铁路系统或者道路网。从长远看,这些"工业走廊"建造的目的是为沿线即将诞生的智能城市服务。而建设新城市无疑需要土地。大部分"工业走廊"的用地审批已经获得,但在某些地区,我们还在解决相应的用地问题。

土地问题是其中的一个挑战。最大的挑战是合理的规划,包括如何从长远角度发挥智能城市所需的基建效用最大化。当我们致力于打造这一世界级的工程时,向当地银行借款不是长久之计,必须要稳定且长期的、低息的贷款。而这是我们对亚投行最大的期待。

第一财经: "印度制造"和"工业走廊"的计划都勾勒出了印度打造世界制造业中心的前景,这也是总理莫迪的目标。但是也有声音认为,印度在国际上的核心竞争力在于信息技术、商业外包服务等,并不在于制造业。

康　特: 长期以来,印度经济发展的动力源于信息科技和服务业。服务业为印度 GDP 贡献了近 60%。但挑战在于,印度希望在今后保持 9%~10%的经济增速(注:计算方式调整后,2014 年印度 GDP 增速保持在 7.4%左右),希望所创造的就业岗位数量能满足不断增长的人口需求,因此,印度政府认识到,必须激活制造业的潜力。

皮革业、纺织业、食品加工行业过去为印度人口就业做出了很大贡献,但我们还没有激活制造业这个潜在的庞大就业市场。尽管,汽车业在印度发展良好,而且印度的汽车业也抢占了不少国际市场,但这远远不够。印度制造业的发展规模与速度必须进一步提升。我们希望未来制造业对印度 GDP 的贡献能达到 25%。

第一财经: 你此前曾多次提到“亚洲世纪”。中国近来提出的“一带一路”倡议与打造“亚洲世纪”在你看来是怎样的关系?

康　特: 中国的“一带一路”倡议是实现“亚洲世纪”的关键,中印之间的经贸合作无疑将扮演重要作用。

中国经济此前高速发展的一个重要动力源于国内基建和制造业的快速发展。如今,基建和制造业的未来驱动力在于数字科技。后者会改变传统基建和制造业的发展,只有使用了数字科技的基建和制造业才会有长久的生命力。因此,印度的信息科技产业将会有很广阔的市场和前景,将与基建和制造业发展相互融合与促进。届时，中印在基建、制造业和信息科技领域的优势互补，将再一次成为引领世界经济发展的新动力。

目前，印度仍在等待“一带一路”的具体细则。一旦具体细则公布，我们将进行研究和分析，看看印度的哪些行业将从中获益。

采访+整理：潘寅茹

访谈时间：2015 年 4 月

印度发展关键和经商成功秘诀

对话嘉宾

阿迪·戈德瑞吉　印度 Godrej 集团主席

"你看，从这一大片的树林开始，前面的那些高楼就都是 Godrej 集团的了。"同行的印度人指着不远处热情介绍。

汽车缓缓停在了一片树荫下，右手是 Godrej 化学培训学校，左手那栋现代的建筑就是 Godrej 集团的办公楼。Godrej 集团掌门人、亿万富豪阿迪·戈德瑞吉（Adi Godrej）就在这里办公。

Godrej，印度最富有的家族集团之一。成立于 1897 年的 Godrej 集团如今已拥有一百多年的历史，涉及领域从日常消费品到家具和家电，再从农产品到房地产，极为广泛。在印度，Godrej 几乎无处不在。

"7.5 亿的印度人使用 Godrej 的产品。在全球范围内,共有 11 亿人使用 Godrej 的产品。”在专访中,Godrej 集团主席阿迪·戈德瑞吉这样介绍。

在最新的福布斯全球富豪排行榜上,阿迪·戈德瑞吉名列第 330 位,身价 48 亿美元,在印度名列第 11 位。

在印度之外的 25 个国家,Godrej 均建有工厂。虽然并没有在中国建立工厂,但 Godrej 在广州设有办公室,主要负责从中国当地的制造工厂采购产品,比如婴儿纸尿裤、麦克风和空调等,同时也会从中国进口产品,并向中国出口部分产品。

20 世纪 70 年代早期就访问过中国的戈德瑞吉对中国的巨大变化印象深刻。“中国企业很有创造性也很积极,非常有竞争力。”戈德瑞吉告诉《第一财经日报》记者,虽然目前尚无明确的计划,但正在考虑并购中国的公司,主要是快消品牌。

现今 72 岁的戈德瑞吉身材偏瘦,戴着眼镜的他精神矍铄、思路清晰,十分健谈。这个 Godrej 家族的二代传人说自己有广泛的爱好,尤其喜欢水上运动和骑马。“我也很喜欢阅读,但不喜欢读电子书。我孙子都用 kindle,但我不喜欢。”直白的表述让交谈变得轻松。

在戈德瑞吉看来,印度新政府的改革计划将会带来明显的成效。而中国拥有很强的资金实力,有能力对印度的基础设施建设投入更多。印度在医药、日常消费品、信息技术等领域具有优势,因此双方拥有大量获得双赢的机遇。

说起经商的秘诀,这位久经沙场的老将把自己的成功归功于良好的教育。从美国麻省理工毕业并完成 MBA 学位的他认为是系统的教育使得他有能力延续家族的辉煌。

印度未来的经济表现会很出色

第一财经: 您曾经说过,现在正是印度"大放光芒"的好时机。您怎样看印度未来的经济表现?

戈德瑞吉: 我认为印度未来的经济表现会很出色。新政府的经济改革计划让我相信印度会有很大的进步。事实上,印度已经成为世界上增速最快的经济体之一。

第一财经: 您预计印度总体的 GDP 会超过中国吗?

戈德瑞吉: 这个不太可能,因为中国的 GDP 基数比印度高太多了。但在印度的人口结构中存在大量的年轻劳动力,这个群体还在不断增加。对比而言,中国和欧洲国家的劳动力人数正在下降。到了 2050 年,我认为印度会成为世界上最大的经济体。但我并不认为近期内印度会在经济体量上超过中国,至少不会发生在 2040 年以前。

第一财经: 中国和印度两国的经济都在世界上扮演重要角色,两国政府正在努力加强双边的经贸关系,并同意努力实现

2015年双边贸易额达到1 000亿美元的目标。您在其中看到了什么商机?

戈德瑞吉: 中印两国双边的贸易和投资额在未来的5年内应该都会出现显著增长。中国拥有很强的资金实力,有能力对印度的基础设施建设投入更多。印度在某些领域很强,比如医药、日常消费品、信息技术等,这些领域的产品也可以输入中国市场。两个国家拥有很多获得双赢的机遇。

第一财经: 哪类中国企业是您希望找的合作伙伴?

戈德瑞吉: 我们愿意尝试各种机遇,也希望能在中国找到投资机会,尤其是在消费品领域找到并购的对象。

减少政府干预、降低企业税负是关键

第一财经: 现在是中国企业进入印度市场的好时机吗?

戈德瑞吉: 是的,这是很好的时机。因为中国过去几十年在基础设施建设上有很显著的发展,也积累了大量的资本,并且仍然保持较低的贷款利率,所以考虑到投资回报,投资印度是很明智的选择。

第一财经: 但事实是,中国企业在印度的投资比例非常小。您认为中企进入印度投资的障碍和挑战是什么?

戈德瑞吉：目前的确是比较少，但是在接下来的未来会出现显著的增加。以前，不管是外国企业还是本土企业，在印度做生意都不容易。所以政府正在改善营商环境和法律法规，从而使得企业在印度经营更容易。这对于中国企业来说也是一个利好。

已经有越来越多的中国企业进入印度了。我觉得中国企业应该大胆来印度投资，不只是为了印度市场，还可以在此建立生产基地从而出口到其他国家。

第一财经：您的印度梦是什么，希望印度能有哪些改变?

戈德瑞吉：我的印度梦是希望印度可以更加发达。这需要政府减少对企业的干预，让企业自由发展。其次，降低企业的税负。想通过增加企业税率来增加税收其实适得其反。更低的税负可以加强企业和投资的活力，从而在整体上增加税收。

第一财经：您提到了印度存在人口红利，年轻的劳动力正在增加。但与此同时，印度也存在一些问题，比如女性被歧视以及年轻人受教育程度低等。

戈德瑞吉：不只是一些问题，印度存在太多问题了。所以的确需要加强技术人员的培训和教育。另外，你说的女性歧视问题的确存在，但正在逐渐减弱，越来越多的女性开始走进社会参与工作。女性对于经济发展的贡献和重要性也被更多人认识到。所以，印度的确存在各种各样的问题，需要我们去努力改变。有些已经开始缓解了，我们还可以做得更好。

第一财经：腐败和低效问题如何解决？

戈德瑞吉：政府的腐败问题存在于每个发展中的社会中。减少政府腐败的最好办法是允许市场经济自由发展，而不是通过政府的控制去解决腐败。任何一个国家，政府干预经济越少，腐败才会越少。所以解决办法就是减少政府干预。

印度复制中国道路可行吗？

第一财经：在印度复制中国的发展道路可行吗？

戈德瑞吉：我觉得很好。中国从一个相对贫穷的国家成为一个中等发达的国家，邓小平的改革开放政策起到了关键性作用，解放企业促进了企业的成功。中国在基础设施建设上的投资也获得了很好的回报。

第一财经：您如何评价中国的发展模式？

戈德瑞吉：中国已经做得非常好了。印度在发展中可以借鉴使用更多的科技和绿色能源，这不仅对国家或当地环境有益，而且对企业的可持续发展也是有益的，也有助于企业节省成本。

第一财经： 随着印度市场的开放，印度会面临贫富差距更大的问题。应该如何平衡和解决？

戈德瑞吉： 在社会的发展中，不应该过多关注贫富差距的平衡问题，不然就会陷入人为的控制发展中。允许每个人按照各自的能力各获所需，给不能获得教育的人更多技能培训的机会。

经商成功的秘诀是良好的教育

第一财经： 您获得成功的秘诀是什么？

戈德瑞吉： 我获得成功的原因在于我拥有良好的教育，我从美国麻省理工大学毕业，并且在读书期间靠做兼职来支付自己的生活费用。完成了工程专业后，我还完成了工商管理的学习。那个时候不管是美国还是印度，MBA 的教育都很少。正因为接受了系统的国际管理学教育，我可以将知识带回印度，运用到企业的管理中。

另外，很幸运的是，印度也迅速进入了发展的快车道，我也由此抓住了印度的发展机遇。我的子女也都接受了良好的教育，也很有雄心，在企业有很好的表现。

第一财经： 如果有年轻人想成为下一个你，您有什么建议？

戈德瑞吉： 全球尤其是在印度都有很多供给年轻人创业的机

会。我在今天的报纸上还看到了福布斯发布的百万富豪排行榜，其中很多富豪从互联网起家，年纪轻轻就成为成功企业家。这个时代给予年轻人的机遇非常多。

采访+整理：缪　琦

访谈时间：2015 年 12 月

中企投资印度最常见的难题和误解

对话嘉宾

黎　剑　印度中国企业商会秘书长

到2015年底,黎剑在印度已经近十年了。作为印度中国企业商会的秘书长,80后的他在当地也建立了自己的公司以为中企在印度铺路。据黎剑的估计,在印度投资的中国企业已达500多家。

在黎剑的印象中,一个颇为明显的变化是,从2014年起,进入印度的中国企业突然增多了:"出现了很明显的上升,预计2014年一年里就至少有100多家中国企业来到了印度。"

根据他的分析,中企涌入印度市场主要有两个原因:内因是中国企业国际化的迫切心理和国内市场饱和的压力催生了充足的"走出去"动力。"国内市场饱和了,很多行业竞争也过于激烈,不进入国际市场很多企业在国内也会难以生存。”

外因则是印度市场本身存在的吸引力。“企业往外要选国家，如果只能选一个，最值得去的就是印度。很多企业自己做了市场分析后就会选择印度。因为印度是一个很大的市场，接下来的需求会非常的大。”黎剑认为，对中国公司来说，中国拥有优势的产品正好符合印度市场的需求，比如机床，印度并不需要像德国那么高精尖的机床；又比如建材，以往印度用质量很差的建材，随着生活质量的提高，印度人对房屋建造和内外装修的要求也在提升，于是中国有优势的那部分建材就会慢慢拥有市场。因此，印度如今的很多行业都值得中国企业来开拓。

然而，在看起来庞大且诱人的市场蛋糕面前，中国企业真的能享受到实在的利润吗？在开拓印度市场的过程中，中国企业会遇到哪些特殊的问题和挑战，又有哪些可作借鉴的经验和解决方法？

中企在印度最常见的四大难题

第一财经：根据你的观察，中企近期在印度的发展呈现出了哪些特点和趋势？

黎　剑：从 2015 年来看，在印度最热门的投资是互联网领域，互联网风险投资和股权投资的量都很大。我估计 2015 年一年敲定的投资将达到30亿美金。

其次就是在印度开厂的中国制造型企业越来越多。既有像华为这样的做电信设备的,也有智能手机厂商,比如vivo和富士康都在印度建立了工厂。建材类的企业如今已经很多了,只是并没有抱团,而是单枪匹马地进入。

第一财经: 中国企业在印度普遍遇到的问题和挑战有哪些?

黎　剑: 目前我所接触到的中国企业最常询问的还主要是前期的实操性问题,比如怎样快速完成公司的注册,如何买地和建厂等。

在我看来,中国公司在国际化的过程中遇到的最大挑战是如何提高自身的海外运营能力。很多中国企业以往可能是做国际贸易,现在需要在海外建立办公室并在海外招当地人,还需要了解当地的税务、法务、公共关系了,那么这就涉及公司自身的能力建设,公司的人力配置是否足够支撑你在海外的发展。

第二,印度到底是你的市场,还是你的人力资源池,还是你资源采购的一个来源地,这需要企业提前想清楚定位。印度既是一个巨大的销售市场,也是一个巨大的供应链市场,也就是说你不仅仅可以把印度当作一个纯市场来销售商品,也可以从印度低价地采购原材料或者服务,这就需要你全面地分析印度,从而给业务带来帮助。

第三,中企需要真正全面地了解印度的商业环境。印度的商业环境是中西方文化相结合的,因此,在印度的社会和商业规则里,既有东方文化的部分,比如人际关系以及灰色的可能,也有西方的特点,比如"契约精神"、靠合法的游说体系来争取企业的利益和政策上的优惠。所以,中国公司不能片面地把印度想成一个靠关系就能搞定的市场。

第四,中国公司在印度展开业务必须得正儿八经地、合法地来干,合规经营就必然涉及公司法务、税务、公共关系等,这是中国企业初来印度最容易碰到的难题之一。

第一财经: 除了调查清楚印度当地的税务法规之外,如果中国企业在印度遇到了困难和阻碍,应当如何应对?

黎　剑: 所谓应对,就经验的获取来说主要有几个办法。首先,中国公司可以找大使馆经商处。其次可以找印度中国企业商会,这是中国公司在印度抱团成立的平台组织,不属于任何公司,但各个公司在里面任职,承担不同的职能,而商会本身就是一个大家交流的平台。因此通过商会接触同类型的企业,或者可能会碰到相同问题的中国企业,跟他们取经获得建议。第三,向正规的咨询公司、会计事务所或律师事务所寻求解决方案。第四,从公司的高管团队中获得智囊团,一些从同行业的其他公司招来的当地员工可能会有足够多的经验能帮助解决问题。

这些行业即将迎来好时机

第一财经：中国公司错过了在印度发展的最好时机吗？

黎　剑：这个应该按行业来看，不同行业进入印度的最佳时期是不一样的，而且印度市场某个行业最需要外资的时期和中国该行业企业有能力走出去的时期也不一定是吻合的。比如印度电力主机的本地制造是势在必行的，2011 年印度的公司本地制造了，中国公司的竞争对手——阿尔斯通、三菱这些外国企业也都本地制造了，而中国公司却集体没有反应，实际上是已经错过时机了。现在印度电力行业也通过抬高关税等方式，造成更大的价格差。一旦产品实现了印度的本地制造之后，整体成本就下降了，即使不考虑关税，印度制造也会比中国制造更便宜，如果考虑关税的话，价格差可能达到 30%左右。

第一财经：现在还是中企进入印度的好时机吗？

黎　剑：时机要根据行业来看。比如说建材，现在就是进入的好时候。正在大力发展基建的印度对建材的需求量非常大。现在是爆发的前夜，也就是好时机就要来了，今年（2015 年）年底或者明年年初，当整个市场开始大规模建设的时候，市场就会出现供不应求的机遇。

印度制造对中国制造有很大冲击

第一财经：“中国制造”在印度人心目中是便宜并且质量差的，这种印象对中企在印度的发展有什么影响？

黎　剑：在印度有个文化，大概意思就是够用就好，所以印度人希望产品的价格越低越好，功能上只要够用就可以。这也解释了为什么中国销往印度的产品往往比较低端，因为中印间小商品贸易不是由中国贸易商或厂商来主导，而是由印度商人来主导。印度商人很清楚印度国内的需求，于是决定从中国采购最便宜的东西卖往印度，这在一定程度上造成了中国商品在印度往往是便宜并且低质量的。

第一财经：印度政府力推的“Make in India”会对中国产品的出口产生冲击吗？

黎　剑：会有相当大的影响。其实即使不推印度制造，就印度自身的发展来看，对中国本地的制造业也会造成冲击。但是这个冲击有正面也有负面。负面的影响是它当然会在低端产品上跟中国企业形成直接的竞争。但从正面的角度来看，这可以迫使中国往高端的方向转移。

给印度投资机遇打超高分

第一财经: 大部分企业进入印度都是看中这里的巨大市场,除此之外,投资印度还有哪些吸引力或优势?

黎　剑: 除了是一个巨大的市场之外,印度不但可以帮你赚钱,还可以帮你省钱。省钱主要体现在中国公司在国际化的过程中,整个产业链的成本可以更加低。比如美国以前就一直把印度作为服务外包中心,银行业会在印度雇佣一个很大的团队来帮助分析客户信息、信用卡账单以及客户的消费习惯。印度的律师也可以给美国的律师行接单子、写法律文书,这边的会计可以按照美国的会计准则来帮你填税单,这里的医生也可以按照美国的标准远程给你看片子。总之,印度的服务外包行业非常发达。

从这个角度来讲,中国企业出海,比如华为要建立全球客户服务中心,就可以放在印度来做。除了服务业,还有制造业。日本把印度发展成了一个面向第三国的生产基地,生产的东西可以卖到非洲、大洋洲和其他南亚国家,而不只是卖到印度。这对于中国公司来讲也是一样。

第一财经: 如果要给印度市场的投资机遇评分的话,你会给出怎么样的分数?

黎　剑：我觉得是超高分。首先，印度拥有完整的金融体系和活跃的证券市场，进入的投资具有退出机制，这一点就比很多"一带一路"沿线国家有优势了。第二就是印度的高增长，GDP 增长接近 8%，完胜其他金砖国家。第三是投资，投资一定程度上也带动了高增长，高增长的同时又给高投资带来了信心。未来印度会和中国一样成为世界大国。

不可低估印度互联网

第一财经：中国人对于印度这个市场存在哪些误解？

黎　剑：中国大多数人是在往前看，往欧洲、美国、日本看，所以对后来者的警惕性不够高。印度的很多领域容易被我们忽视，比如海外印度人的作用。在美国互联网市场已经立足了的印度人会反过来投资印度市场，这种投资会在很大程度上带动印度的发展。

举个例子，打车类软件在印度的发展就比中国还要快。比如 Uber，印度才是 Uber 在海外的第一大市场，比中国还要大，覆盖的城市比中国多，使用的人数也比中国多，成交量也就是成功的单数（把中国的刷单排除）也比中国多。

印度的互联网是跳跃式发展的。如果说印度基建比中国差十五年的话，那互联网不同领域其实只比中国差了 2~5 年。差了 5 年也主要是跟在线支付和跨城市物流相比，现在印度城市内的物流其实也很成熟了。所以,误解是相当大的,但只要肯调研,很多东西并不难知道。

采访+整理：缪琦,陈宽宇

访谈时间：2015 年 12 月

迪拜向东看，南南走廊承接“一带一路”

对话嘉宾

艾萨·卡辛姆 迪拜国际金融中心执行官

当地时间每天凌晨三点，迪拜机场航站楼迎送着从北京经迪拜飞往欧洲、非洲以及中东、南亚诸国的中国乘客。有老有小的家庭团体多是欧洲旅游团，清一色衣着朴素的中年男子团多是到非洲某国建筑现场的工程师，其他零星的中国人可能就是到与中国尚无直航的中东、南亚等国开拓市场的销售代表。当然，乘客中将迪拜作为旅游、经商目的地的人也越来越多。

作为迪拜国际金融中心(DIFC)的最高负责人，艾萨·卡辛姆(Essa Kazim)于2015年秋访华，期间他在专访中表示，希望未来十年，DIFC能像全球首屈一指的阿联酋航空公司一样，成为贸易投资的金融港，链接东方与西方，打通南南经贸投资走廊，承接中国的“一带一路”。

成立于2002年的迪拜国际金融中心的崛起，除了完善的基础设施与服务、前沿的理念与服务以及高效的监管外，还很大程度上受益于过去十多年高企的国际油价和海湾产油国充沛的财政。着眼于当下油价折腰、海湾国家财政紧缩的现状，加之全球热钱加速逃离新兴经济体回流美国，DIFC将未来十年的发展瞄准东方、打通南南经济走廊，的确是另一个选择。

中东资金流动非常强劲

第一财经： 迪拜国际金融中心是否担心全球资本重回美国市场？

卡辛姆： 在市场形势不容乐观的情况下，投资者选择美国这样的安全港湾无可厚非，但我们并不很为此担心。

整个中东地区的资金流动非常强劲。而且海湾阿拉伯地区也是全球发展速度最快的市场之一，而且MSCI（摩根士丹利资本国际公司新兴市场指数）将阿联酋归为新兴市场类别，也有力促进了外国资本的涌入，提升了投资者对本区域的信心。对于涌入中东和非洲市场的亚洲资本，迪拜也起到了很好的枢纽作用。

鉴于迪拜国际金融中心所承担的区域联动性以及完善的监管

环境，许多大型欧美银行以及跨国企业都已经在此设立了区域办事处。阿联酋的稳定环境也是促进商业在此蓬勃发展的一大因素。依靠我们稳定的经济发展形势，我们已做好充分准备，应对任何可能的市场变化。

突破本土推动南南经贸

第一财经：油价下跌、海湾国家预算紧缩对迪拜国际金融中心有何影响？

卡辛姆：得益于迪拜可观的经济发展，以及贸易、旅游和物流等非石油领域的业务增长，我们的经济发展已经非常多元化。非石油贸易数据很好地显示了阿联酋已逐渐转型成一个区域和国际的投资贸易枢纽。迪拜在大型的高难度项目领域已经有了很好的口碑。

在迪拜国际金融中心，我们的目光不局限在打造一个本土或区域的金融中心。随着中东成为 DIFC 增长战略的重要部分，我们也在关注包括中国、印度和非洲在内的南南走廊区域。

毋庸置疑的是，不断走低的原油价格在短期内会导致更有限的预算，但是我们不仅服务那些石油出口国，我们同时也在服务和更多关注那些受益于石油价格走低的国家。因此，这也是为什么我们希望通过促进南南走廊间的经贸合作来推动 DIFC 未来十年的发展和增长。

迎接中企到迪拜上市

第一财经：在“一带一路”的倡议下，迪拜国际金融中心将与中国金融机构如何合作来推动伊斯兰金融的发展？迪拜国际金融中心将扮演什么样的角色？

卡辛姆：伊斯兰金融是整个伊斯兰经济中发展最成熟的板块，也是推动整个伊斯兰经济蓬勃发展的重要引擎。路透近期的报告预测，伊斯兰金融的市场规模在2020年将增长至3.2万亿美元，而伊斯兰银行业将贡献其中2.6万亿美元的增长。

同时，伊斯兰经济很可能成为继美国、中国和欧盟之后的第四大贸易领域，横跨五大洲的16亿穆斯林和在地理区域上的不断扩展将使其成为一个快速增长的市场。

就在2015年早些时候，迪拜超越其他国际金融中心成为伊斯兰债券交易量破10亿美元的全球领先金融枢纽。2014年中国机构推出了两类保险业务，以满足伊斯兰金融不断增长的需求，而这也和迪拜纳斯达克交易所鼓励更多类似金融产品发展的策略不谋而合。2015年9月，中国香港特区政府在迪拜发行了10亿美元的伊斯兰债券。

迪拜国际金融中心自2005/2006年度起，就将发展伊斯兰金融产品和服务融入整体发展重点。迪拜国际金融中心目前已有众多伊斯兰银行入驻，并提供伊斯兰再保险业务。

我们的伊斯兰金融发展策略遵从了伊斯兰法模式，对监管机构、企业和学界的职责进行了清晰的界定，同时在采用全球认可的国际标准和模式的基础上根据伊斯兰金融的特点进行了适当调整。迪拜国际金融中心拥有成熟完善的法律法规支持伊斯兰金融的发展。

在一个更广的层面上，迪拜成熟领先的金融环境也将能很好地支持人民币的推广，这将有利于未来将迪拜纳斯达克交易所作为首选资本市场的众多中国乃至亚洲企业。

中国发展伊斯兰金融潜力巨大

第一财经：在 DIFC 看来，在“一带一路”倡议下，中国发展伊斯兰金融，面临哪些机会和挑战？

卡辛姆：伊斯兰经济已是全球经济中至关重要的一部分，而在未来数十载，其在全球经济中的重要性将越发明显。至今，得益于海湾地区和东南亚等核心市场经济的强劲增长，伊斯兰金融得以蓬勃发展。

然而，目前中国企业还没充分利用这些市场的机遇。鉴于伊斯兰金融在全球的强劲表现和经济影响力，伊斯兰金融在中国还将大有可为。

全球越来越多的政府和企业正意识到伊斯兰经济以及伊斯兰金融的重要性。像中国香港、新加坡、英国和南非等地区都已经发行了相关伊斯兰债券。与此同时，众多非洲政府也正考虑通过相应法律法规推动伊斯兰金融在本土的发展。

随着阿联酋成为世界最大的伊斯兰债券交易平台，迪拜2015年已经成功实现了将自身打造成为伊斯兰经济的全球资本流通中心的目标。而且，众多方案也即将出台，以进一步帮助伊斯兰经济的发展。

而将目光放到中国，伊斯兰资本市场的发展也能推动中国和中东之间的资金流动。随着迪拜逐渐成为伊斯兰经济的中心，双边的合作将能实现互补。中国和迪拜双边贸易在过去10年间翻了五倍，这也对发展中国的伊斯兰金融市场和创建双边的协同效应带来了积极的影响。这也是为何海湾地区的资本通过迪拜，可以通过伊斯兰债券的形式为中国的重点基建项目提供资金支持。同时，巨大的中国市场也为伊斯兰金融的发展提供了机会。

采访+整理：王琳

访谈时间：2015年9月

“一带一路”释放开放信号，新中自贸雄心有望升级

对话嘉宾

保罗·高德史密斯 新西兰科技与创新部长

结束了“一带一路”国际合作高峰论坛的议程，新西兰科技与创新部长保罗·高德史密斯(Hon Paul Goldsmith)的中国行并未结束。除了北京之外，他还到访了杭州和上海，与相关大学科研机构会谈，加强两国在科技研发方面的合作。

在其他城市的旅行启程之前，高德史密斯在北京接受了小范围的媒体采访，其中重点回答了第一财经记者关于对“一带一路”倡议的预期及展望、在科技及创新方面的未来合作，以及中国-新西兰自贸协定升级等问题。

在访问中，高德史密斯显得从容而谦逊，表示非常关注在“一带一路”倡议下，关于创新的相关内容，在高峰

论坛的欢迎晚宴上,他坐在国务院副总理刘延东的旁边,谈到了两国在开展相关合作方面的议题。高德史密斯还多次谈及新西兰作为一个依赖国际贸易的国家,愿意积极参与“一带一路”倡议。

新西兰一直是发达国家中发展与中国关系的先行者:不仅是首个承认中国完全市场经济地位的西方发达国家,也是与中国签署自由贸易协定的第一个西方发达国家。在以创始成员国身份加入亚洲基础设施投资银行后,又成为西方发达国家中加入“一带一路”倡议的先行者。

中国国务院总理李克强 2017 年 3 月曾访问新西兰。访问期间,中新双方签署了《中华人民共和国政府和新西兰政府关于加强“一带一路”倡议合作的安排备忘录》(下称《备忘录》)。《备忘录》要求,双方将在本安排备忘录生效后的 18 个月内尽快形成具体的双边合作规划。

第一财经:作为新西兰的代表参与“一带一路”论坛,“科技与创新”是否是你们关注的重点?具体希望与中国政府或企业有哪些合作?此行是否达到预期?回到新西兰,会如何实现这些目标?

高德史密斯:“一带一路”倡议涵盖的范围非常广泛。我的理解是,这是基于中国历史上的“丝绸之路”,并扩大相关合作的范围,来形成一个涵盖范围更广的倡议,创新也是整个内容的一部分,从新西兰的角度,我们希望能够积极地参加到“一带一路”的相关讨论当中。

至于我们如何在科技和创新方面来进一步开发“一带一路”框架下的双边合作,2017 年 3 月,中新双方签署了《中华人民共和国政府和新西兰政府关于加强“一带一路”倡议合作的安排备忘录》。《备忘录》要求,在未来 18 个月内制定工作方案,阐明在“一带一路”框架下,哪些领域可以得到发展。目前,早期工作还在筹备之中。

我 5 月 16 日将和中国科技部万钢部长进行双边会谈,对相关合作做进一步探讨。我认为,尤其是在新西兰的高科技领域,比如工程、科技、创新上,都会有合作契机,中国的博士研究生和科研人员都可以充分利用“一带一路”开展科技相关领域的研究。新西兰的卫生研究委员会和中国的国家科学技术委员会也签署了合作安排,在未来也能够在相关领域深化相关合作。

第一财经:本次论坛,你有没有见到美国代表?从美国方面获得了什么信息?不论是否见到他们,他们的出现是否会影响你们对于“一带一路”倡议前景的判断?

高德史密斯:我没有见到美国代表,美国(做什么决策)是他们自己的事情。

第一财经:中国-新西兰自贸协定升级谈判正在进行,本次“一带一路”论坛是否能够提供谈判升级的契机?目前最核心的焦点在哪里？新西兰既参加了跨太平洋伙伴关系协定(TPP)又加入了区域全面经济伙伴关系(RCEP)，目前如何看待这两个谈判的前景和进展状况？本次论坛是否能够促成这些相关话题的达成？

高德史密斯：历史上我们一直敢为人先，新西兰在 2008 年成为第一个与中国签署双边自贸协定的发达国家，自那以后，两国双边贸易取得了长足发展，从当年 80 亿新元的贸易额增长到去年的 230 亿新元(约合 1 000 亿元人民币)的规模。合作也体现在人文交往中，很多中国游客选择到新西兰旅游。

习主席此前在达沃斯论坛上的演讲和这次在高峰论坛上的主旨演讲所发出的信号，是对自由贸易、开放市场和全球化的支持。这是来自一个全球主要经济体的重要信号，也是新西兰一直秉持的理念。新西兰作为一个小国，非常依赖于开放的市场，致力于不断消除贸易壁垒。对我们来说，在论坛中，哪怕是非常小的细节，比如制定共同标准、海关通关程序和规则，都非常有益于新西兰的企业，也有助于其他国家的企业。

新西兰希望将这些明确信号转化为对双边自贸协定的升级。这样有利于更多的中国人购买到新西兰的产品，比如乳制品、蜂蜜，或是获得教育等服务。同时，也能让更多的新西兰人享受到来自中国的产品。

新西兰一直寻求贸易市场多元化。在早期贸易中，我们仅依赖英国这个出口市场，经过多年的经验和教训，在过去的 40～50

年里,我们更多地拓展与多国的合作,扩大贸易市场,也扩大与多个国家间的人文交流。所以,未来十年,新中之间将会有更多的合作机会。

第一财经:您在讲话中提到,新西兰一直以来致力于推动贸易、投资和人员流动便利化,以及基于规则的开放系统。此次"一带一路"论坛能否促进相关贸易投资共识的达成?

高德史密斯:这也包含在我之前提及的《备忘录》中,双方将在接下来的 18 个月内将其细化为具体方案,并设定一个路线图,规划参与的方式。目前(各个议题)都处于早期的商讨阶段,具体细节会在未来不断呈现。

本周我关注科技创新和教育领域的合作,我在新西兰政府和内阁的其他同事,比如贸易部长麦克莱(Todd McLay)也会在贸易和基础设施投资方面参与到"一带一路"相关合作当中。

新西兰有很多具有高技能的咨询公司,他们应该有机会,也有专业经验参与到"一带一路"项下关于基础设施建设方面的工作。我认为,此次"一带一路"高峰论坛参加国之多,正体现了世界上很多国家都对此倡议非常感兴趣,并且非常希望更多地去了解"一带一路"倡议,寻找发展合作的机会。

正如习近平主席在开幕式主旨演讲中表示的"千里之行,始于足下","一带一路"倡议是个循序渐进的过程,目前我们看到是中国领导人提出的一个伟大而长期愿景的早期工作,我们不能期待立竿见影取得成果。新西兰愿意积极参与其中,在起始工作阶段就成为其中的一部分。

我这次希望发出一个信号,即新西兰非常关注“一带一路”倡议取得的成果,我们关注贸易,比如取消贸易壁垒,希望能够在与中国自由贸易协定中进一步实现贸易便利化,尤其是货物贸易。

采访+整理：郭丽琴

访谈时间：2017 年 5 月

瑞士在抢“一带一路”先机，美国若不参会才是个错误

对话嘉宾

约克·加瑟尔 瑞士联邦财政部、瑞士联邦国际金融事务国务秘书

在2017年4月中旬率领瑞士金融业代表团到中国访问之后，瑞士联邦财政部、瑞士联邦国际金融事务国务秘书约克·加瑟尔(Jörg Gasser)再次来华，陪同瑞士联邦主席参加同年5月的“一带一路”国际合作高峰论坛。

除了5月14日的开幕式，他们还参加了“加强政策沟通和战略对接”与“加快设施联通”平行主题会议。两次来华，加瑟尔都对媒体释放出瑞士希望成为“一带一路”倡议贡献者的强烈信号。

第一财经：此次参加“一带一路”论坛最大的目的是

什么?

加瑟尔:我今明两天只是陪同瑞士联邦主席,并参加一些平行的会议,并没有安排和中方对等人员的双边会谈。当然,当主席会见其他国家领导人时,我也会代替她参加一些双边会谈。

瑞士可以在“一带一路”方面做很多,不仅具备如何选择大规模基础设施项目的知识,还可以为如何正确投资做准备,并管理这些大型基础设施背后的风险问题。

我们的保险业、金融机构、工业企业很有能力支持“一带一路”倡议。比如 ABB、瑞士信贷集团、瑞士联合银行、瑞士再保险公司,都有这方面的能力。从这个角度说,我很乐意来了解一下,在已有的一些合作基础上,双方还有什么合作机会。

第一财经:你觉得你们此行能建立起瑞士金融机构和中国公司之间的桥梁吗?

加瑟尔:是的。正如我刚才所说,在如何融资与执行大规模基础设施建设方面,既涉及工业企业,也涉及金融机构,瑞士可以提供很多经验和专业知识。

当然,我觉得中瑞双方工业企业和金融机构之间的关系已经非常密切,瑞士已经有了一家拥有银行牌照的中国银行,而且很快还会有第二家(注:截至访谈时,除了中国建设银行已经在瑞士苏黎世设立分行以外,中国工商银行也即将在瑞士开设分行),瑞士的银行机构在华业务也运行良好。所以,从这个角度说,这是一个时间问题，直到瑞士银行业与中国本地银行能够很好地连接。当然，不光是银行业，还有保险业，以及能够对基础设施建设提供帮助的工业企业，这样当然就能够和中国的工业企业产生紧密连接。

第一财经： 在这次行程中你们是否已经在前期接洽或者看好了一些相关项目？或者说，你对哪些中国企业尤其感兴趣？

加瑟尔： 目前确实还没有，我还没有和瑞士的私营企业谈过，它们可能已经有一些意向。但目前，我们只是刚开始，让正确的人在一张桌子上谈一谈这些问题来准备一些基础设施项目。这是一个长期的战略，目前只是一个好的热身。

至于说感兴趣的中国企业，我现在还说不出，因为为时过早。我们目前的关注重点还是中国政府和机构。

第一财经： 那么热身之后，你们回到瑞士，下一步会有什么动作？

加瑟尔： 问得好，这取决于我们目前讨论的具体进展，以及我们如何执行自己的战略，这也是为什么我们到中国来看看有什么可以做成，哪些方面在未来有发展空间。要知道怎么做，首先得了解清楚状况。

第一财经： 前几周您已经带队来华走访多地，并拜访了中国财政部、银监会、央行和亚投行等机构，这对此次参会有什么帮助？此次金融行程之后，你如何评估“一带一路”相关工程的金融风险？

加瑟尔：行程很棒，我们获得了很好的讨论机会，它们也对我们很有兴趣，尤其是关于中瑞银行间未来的深度合作，以及中国银行业在瑞士的投资。

对于金融风险，我们会试着让私营金融机构进行风险评估，一般来说，私营机构都是逐利的，他们也会自己去做风险评估。我们希望私营机构能够深度参与这些基础设施项目，并保证这些风险是可控的。

第一财经：经过几年的接洽，您怎么看待“一带一路”倡议的前景？

加瑟尔：我认为，“一带一路”倡议会成功，中国有长期的战略关注，中国有方法和必备的知识让这些项目落地。所以，我非常乐观。

这是长远的计划，很值得跟进。这个过程中也许会有一些对担忧的讨论，但是这些计划依然会为我们的企业提供大量的合作商机，比如金融机构。虽然具体还不知道将是什么样的机会，但我们应该耐心等待这些机会，这样才能评估瑞士企业是否有能力参与到“一带一路”倡议中。

对我们来说非常重要的是，必须在一开始就参与其中，以便了解不同的战略和项目。

第一财经：美国这次派出代表出席“一带一路”国际合作高峰论坛，你们会和美国代表见面吗？

加瑟尔：如果有机会的话，我会的。毕竟我们都在一个房间里，可能有机会彼此交谈。但是，我们之前对此并没有计划。

我听说他们会和我们参加一些共同的会议，至少他们出现了，交谈的机会就有可能出现，倘若他们没来参加会议，就不可能相遇。我不是很在意美国派出代表的级别，重要的是从他们那里获得信息。

我一直觉得美国会参加，若美国不参加，那才是一个错误，当然也是他们自己的遗憾，那才让我惊讶。不过，其实美国出现与否都不会改变论坛议程，战略是由中国发起的，其他国家都可以加入。

美国对于基础设施部分也非常感兴趣，毕竟"一带一路"是一个庞大工程，这对美国当然也是很重要的。

第一财经：瑞士处于欧洲大陆腹地，目前法国大选虽然已经结束，但其他一些欧洲国家的选举还在继续，您怎么看待中国企业投资瑞士或欧洲的风险？

加瑟尔：我觉得总体情况很难去评估，但是瑞士的状况是非常稳定的。我觉得荷兰和法国的大选进展良好，我对于欧洲未来政治局势的前景还是很乐观的。

采访+整理：郭丽琴

访谈时间：2017年5月

陆海贸易并进，汉堡打造“一带一路”欧洲货运枢纽

对话嘉宾

奥拉夫·朔尔茨 德国汉堡市市长

2015年11月，汉堡市市长奥拉夫·朔尔茨(Olaf Scholz)率领汉堡市政府和经济代表团到访北京和上海，这是朔尔茨作为汉堡市市长的第二次访华。

在北京期间，朔尔茨一行拜访了中国外交部、民航总局、中国工商银行等机构和企业。12日，在上海，朔尔茨一行到访了中国商飞集团和中国海运集团，寻求中德双方在航空、海运领域的合作。

朔尔茨表示：“中国的‘新丝绸之路’与汉堡几百年来汉萨城的传统不谋而合。无论从经济关系还是文化交流来看，我们一直是中国通往欧洲的大门。”

近年来，中德贸易日趋密切。据德国联邦统计局统

计，2014 年德中进出口贸易总额达 1 538 亿欧元，同比增长8.8%，创历史新高。德国对华贸易逆差从 2013 年的 96 亿欧元降至 48 亿欧元。其中，汉堡港就见证了德国外贸近一半的出口。

朔尔茨在访谈中介绍说，汉堡港年吞吐量 900 万标准箱，其中 1/3 或来自中国或发往中国，汉堡港中德之间海运集装箱数量证明了海上丝绸之路的良好运作。此外，作为少数参与“一带一路”倡议的欧洲城市，汉堡市也是多条中欧班列的必经之地，由此巩固了作为中企在欧洲发展的货运枢纽地位。

朔尔茨还盛赞了上海自贸区的规划理念，称这是非常有勇气的举措。“上海自贸区为外资企业进行更好的投资提供了条件，而这些条件在中国的其他地区是得不到的。”朔尔茨说道，“在德国，甚至欧盟，对来自非欧盟的投资限制与约束其实非常小。所以，中国企业和投资者可以放心地来到欧洲，来到汉堡，在自由贸易的框架下进行投资。”

民企积极投资汉堡市

第一财经：近年来，中国对德国汉堡市的投资有何变化？哪些领域是中资比较热门的投资对象？

朔尔茨：汉堡市积极吸引中资的历史可追溯到 20 世纪 80 年代。在德国联邦的各州中，汉堡市与中国的商业联系最为长久，也及时调整与中国发展相关的战略,以适应中国企业的需求。

汉堡市的这些努力也不断得到回报。一些知名的中资企业,比如中国银行、宝钢、中海运、中远集团、中钢集团以及中外运都在汉堡市扎根多年。根据汉堡市经济促进局的数据,2012 年年底,约有 490 家有中资背景的企业在汉堡市注册。这一数字目前(截至访谈进行的 2015 年 11 月)激增至 520 家。大部分企业都与汉堡港的业务发展密切相关。除了国企选择在汉堡市发展,目前在汉堡市投资的中企中,民企的数量和规模也不断增加,涉及各行业。

同时,汉堡市也吸引了越来越多的企业在服务业领域投资发展。2015 年,中国工商银行在汉堡市建立了分行,旨在进一步服务于中企在汉堡市基建领域的发展。2015 年,作为全球集装箱装卸领头羊的中国振华重工集团,将其欧洲采购与物流中心正式设在汉堡市。可以预见的是,从多元化的国际工业产业中衍生出的高度专业化的服务业领域将在未来迅猛发展。

第一财经:之前有报道称,由于中国外贸出口放缓,德国汉堡港的吞吐量受到很大影响。作为汉堡市长,你如何看待这一现象?是否担忧中国经济步入新常态对汉堡市的影响?

朔尔茨:在汉堡港的海上对外贸易中,中国依旧占据集装箱吞吐量的第一位。汉堡港每年 900 万标准箱中约有 1/3 来自中国或发往中国。的确,在 2015 年上半年,汉堡港与中国的集装箱业务往来下降了10.9%。与2014年比,汉堡港的对外贸易趋势变化就一目了然。

汉堡港与汉堡市也密切关注与主要贸易伙伴在外贸方面的波动。我们会仔细研究出现波动的领域和运输额变化。目前,汉堡港已作为北欧地区集散中国货物的主要港口。

同期,汉堡港与巴尔干地区的集装箱业务也出现下降趋势,一方面与欧盟制裁俄罗斯有关,另一方面也与俄罗斯自身经济不景气有关。

不过,尽管中国与汉堡港的集装箱业务往来有所下降,但至今并没有对汉堡港的就业产生负面影响,也没有对汉堡市扩大或升级港口业务产生不利影响。

海路与陆路贸易并进

第一财经: 作为欧洲少数参与"一带一路"的发达国家和城市,汉堡市将如何从这一战略中受益?企业将如何参与?

朔尔茨: 其实,在"新丝绸之路"倡议提出前,汉堡市很早就通过汉堡港的业务发展链接中国与欧洲。事实上,这一联系可追溯至250年前,很多在汉堡市工作或居住的商人都已嗅到了中国的商机。当前,每周有约18次连接汉堡市与中国主要城市的班轮运输,300万标准箱的吞吐量约占汉堡港集装箱业务的1/3。

在中国"一带一路"倡议下,除了原有的海上贸易通道,还多了条连接中国的铁路贸易通道。2015 年 6 月，中欧班列再添新成员，这趟班列从中国哈尔滨启程，从满洲里口岸出境，开往德国汉堡市。“哈欧”国际铁路货运班列也成为目前世界上里程最长的跨洲际铁路运输渠道。2014 年，河南省也开通了始发郑州至汉堡市的国际货运班列。在此之前，还有从北京始发到达汉堡市的中欧班列。可见，汉堡市与中国的陆路运输联系也很密切。

汉堡市作为历史悠久的商业城市，在外贸发展领域有着丰富经验。汉堡市政府将持续致力于改善汉堡市当前的基础设施建设，以使贸易量在未来持续增长。

同时，已有不少来自德国工业或工程规划、咨询等领域的企业希望参与中国“一带一路”倡议。在全球化时代，我认为，企业应该更多参与公共与私人业务发展的竞标。

第一财经：汉堡市是多条中欧班列的终点。但目前看来，中欧班列所运输的货物“去多回少”。如何看待这种不平衡？中德双方还需作何努力平衡这一贸易态势？

朔尔茨：中欧班列“去多回少”是一个涉及市场份额的问题。只要企业挖掘出更多陆路贸易的优势，那么这一问题就能得到很好解决。当然，也不能忽视目前耗时两周的陆路贸易比海路贸易更多的成本问题。但我相信，随着全球市场的进一步融合，贸易不平衡的状态会有效缓解。

产业集群贡献巨大

第一财经：2015 年恰逢“中德创新合作年”。中国政府也在大力推动创新。据你了解，在德国，哪些产业领域最具创新的潜力？汉堡市在参与和推动这些创新方面有何经验可以分享？

朔尔茨：近年来，产业集群对地区发展日益重要。汉堡市很早就认识到了这一趋势。当 Hamburg@ work（汉堡市最大的媒体、信息科技和电子通信网络，旨在展现北德的数字经济发展）1997 年启动时，成为德国第一个“集群动议”（Cluster Initiatives）。我们一直通过不断完善产业集群政策（Cluster Policy）来巩固汉堡市在这一领域的领先地位。

当前，在汉堡市，横跨地区经济所有关键领域的八大产业集群得到了德国各方的支持。这八大领域是：媒体和信息科技、航空、生命科学、物流、创意产业、医疗保健、海洋运输以及可再生能源。

汉堡市鼓励产业集群发展的经验表明，集群政策是加强地区经济发展非常有效的资源驱动机制，能鼓励释放创新潜力。以汉堡航空业集群和物流倡议为例，这两大集群得到欧盟委员会颁发的“欧洲优秀集群”的称号。在欧洲数百个“集群动议”中，只有 36 个符合欧盟的高标准。

目前,汉堡市产业集群架构正日益实现国际化。汉堡市是世界三大民用航空制造基地之一,因此,我们也希望中国与德国的航空公司以及双方的航空港能加强进一步合作。

采访+整理:潘寅茹

访谈时间:2015 年 11 月

建议设立“一带一路”风险防范机制

对话嘉宾

鲍达民 麦肯锡公司董事长兼全球总裁

一

2015年3月28日，国家发改委、外交部、商务部联合发布《推动共建丝绸之路经济带和21世纪海上丝绸之路的愿景与行动》，这是自中国国家领导人2013年提出“一带一路”倡议以来中方首次公布相关文件。这意味着，“一带一路”倡议从概念议题的讨论进入有具体指导的初始操作新阶段。

麦肯锡公司董事长兼全球总裁鲍达民（Dominic Barton）在参加中国发展高层论坛期间接受专访，认为中国提出“一带一路”首先让全世界意识到了基础设施发展的这一需求，并将带动电力、商业服务和交通运输等行业发展，将会是巨大的商业机遇。在他看来，中国有庞大的资本，虽然中国自身仍有许多事情要做，但从发展的角度来讲，现在向外发展正是时候。

对于"一带一路"推进过程中的风险，鲍达民指出对此必须小心谨慎，在"一带一路"中引入多国共担风险的同时，应进行整治风险保险机制、区域商事仲裁机构等风险防范机制的建设。此外还要防范企业的经营风险和金融风险。

鲍达民同时是亚洲开发银行（亚行）顾问和中国国家开发银行国开金融顾问委员会成员，对于"炒得火热"的亚投行，他认为，现在倡导的亚投行是世界性质的，希望亚投行建成一个多边组织。

"一带一路"使世界发现新需求

第一财经：你对中国提出"一带一路"的第一印象和现在的认识是什么？

鲍达民：首先，此提议在各方面都有积极作用。在过去一些年里，世界经济经历了巨大发展，例如，美国的州际铁路使各州的经济联系更紧密。"一带一路"将是基建方面的巨大成就，不仅是美国，世界也需要这样的进步。

"一带一路"的提出，从对全球经济贡献的角度，其贡献将是巨大的，美国州际铁路网的建设也许是规模仅次于"一带一路"的基础设施建设，将美国整个经济联系起来。"一带一路"规模更大，但我想强调的是，当今世界需要这样的基础设施，需要"一带一路"。

过去30年的贸易路线发生了巨大变化,世界上有一些地方仍然没有被覆盖,“一带一路”覆盖了亚欧地区没有任何线路连接的地带,也就是严重缺乏基础设施、贸易往来稀疏的地区。麦肯锡预计到2050年,“一带一路”沿线地区将会贡献全球GDP增量的80%。当然前提是我们仍需要硬件和软件的基础设施建设,也就是需要公路铁路能源建设,还需要人文交流、人群流动、新想法和数据等。

中国首先做的就是(通过提出“一带一路”)使世界发现了新需求,中国做了件很了不起的事情。

第二点,“一带一路”必须重视基础设施建设,把它放在第一位。要解放哈萨克斯坦、乌兹别克斯坦、吉尔吉斯斯坦等内陆国家的生产力,这些国家拥有人才,都有潜力成为农业生产大国。由于是内陆国家,与世界的联系并不特别紧密,所以通过建立“一带一路”,他们的收益会很大。这就是为什么我会对“一带一路”这一提议很兴奋。它从很多方面都有积极作用。“一带一路”对反恐和地区安全也是有帮助的,它可以为沿经济带某些地区高达30%的无业青年提供就业机会。

第一财经:从经济数据来讲中国提出“一带一路”的必要性是什么?

鲍达民:从私营的角度来讲,这个项目会带来很多投资机会。到2050年,30亿人可能会发展为中产阶级,并推动一些地区的城市化。可以想象,如果随着城市及区域网络的建立,沿丝绸之路经济带的城市能发展起来并带动电力、商业服务和交通运输等行业,这将是多么巨大的商业机遇。

另外,从亚投行的成立可以看出,中国在如何管理组织上,思想很开明,希望亚投行建成一个多边组织。中国明白,这必须是一个所有国家都参与的国际性组织,要不然很难发挥作用。

应建设"一带一路"跨国仲裁机构

第一财经: 你认为"一带一路"是一个很好的提议,但时机的掌握和自身的能力也很重要。你认为,中国在这时候提出来,从时机和能力的角度来说恰当吗?

鲍达民: 我看这是一件好事。中国有庞大的资本。虽然中国自身仍有许多事情要做,但从发展的角度来讲,现在向外发展正是时候。

就像2 000多年前张骞出使西域那样,中亚地区经济发展,需求加大,也带动中国经济增长,所以这符合中国利益。

虽然从中国能力的角度来说,这也有挑战,但现在倡导的亚投行不是中国一个地区的银行,而是世界性质的。亚投行多边临时秘书处秘书长金立群也讲到,他希望亚投行的管理阶层来自不同国家,所以我觉得亚投行会顺利筹建,并发挥作用。

不只是中国,加拿大也表示愿意用退休基金投资,还有长期积累的私人资本都正在找出路，也有很多长期存款希望投资基建。但要他们自己去投，比如投巴基斯坦，他们是不会去的，风险会很大，而亚投行（去投资）可能就比较安全。

第一财经：虽然中国在上次金融危机之后投放了4万多亿元人民币的刺激计划，但那次是在国内市场，中国政府可以监控。而这次是在海外市场，中国政府无法控制资金走向，因此部分人士担心这些钱会打水漂。你对此怎么看？

鲍达民：这个担忧很有道理，我们也必须对此小心谨慎。但我觉得可以有其他方式。比如，资本不一定全由中国承担。中国可以占较小一部分，其他成员也参与投资，如英国、意大利会投资，因为他们有商业利益在其中，也可以吸引新加坡、马来西亚这些想进行长期投资的成员，希望有中国的稳定发展作后盾。

另外，还要建立相应机制，对项目进行风险评估。比如政府可以为企业建立政治风险保险机制，提供政治风险咨询服务，建立区域商事仲裁机构来解决跨国争端。中国还应积极推动建设"一带一路"跨国仲裁机构。

不会低估中国能力

第一财经：有人认为，中国倡导的"亚投行"仍没有足够能力去对抗现有的由西方国家主导的大型国际金融机构，你对此怎么看？

鲍达民：从很多方面来说，中国是经济发展中的楷模。现有的金融机构，如世界银行和亚行，都有其复杂的背景和影响，要改变它们很不容易。

有时候，想在某一方面有所改革，最好的办法是建立一个新的东西。因为这能迫使人们去接受他们。只要中国能遵循多边合作的原则，比如"亚投行"不是叫"中投行"，就能吸引更多的人参与。

中国有相当高的技能完成这项工作，这点很值得尊敬。当我在加拿大顾问委员会上发言时，我会拿出从中国带回来的五年规划文件，向他们展示中国都做了些什么，比如对中国"十二五"计划进行评估，通过图表数据对一个个要素进行分析。如果加拿大政府也能做到那样，那将会多么令人惊奇。所以我不会低估中国的能力。

第一财经：中国财政部长楼继伟在发言中表示，将来亚投行的管理会比较复杂，您对此有何见解？

鲍达民：我想在这里引用前不久刚逝世的李光耀前总理的话，"我们必须从容应对矛盾，强求一致并非必要（You have to be comfortable with contradictions, consistency isn't necessary）。"在我看来，楼部长想说，各国政府的现实各不相同，所以有时候组织公布的一些看起来很好的政策不一定适用于这个国家。因此，各个国家必须根据实际情况，如本国的政治情况、人才、时间规划、挑战等，来执行政策。"一带一路"不能盲目实施或照搬模型。

第一财经：美国等西方国家一直对中国在非洲和中东国家的投资存在疑虑，麦肯锡在非洲参与程度很高，你怎么看中国在非洲的角色？

鲍达民：麦肯锡在非洲有很多办事机构，而我也在许多非洲国家待过。非洲国家的政府和当地商人都很欢迎中国的到来，而这不仅仅是因为中国带来了资本，更重要的是中国进行的基础设施建设，如铁路、公路。我对中国与东非国家之间的紧密联系很感兴趣，如坦桑尼亚、肯尼亚、乌干达、卢旺达等，按照中国标准修建的铁路确实把这些国家都联系在了一起。

对中国发展建设能力充满信心

第一财经：为什么英国等西方国家想加入亚投行，是因为它们需要中国的资金，你觉得中国有能力发挥好资金优势吗？

鲍达民：在中国富裕之前，中国早已是非洲人民的好朋友。此外，中国也不赞成殖民观念，而且中国注意对外形象，担心别人误解自己。我认为，许多非洲的当地居民会非常欢迎中国的到来，包括资金注入和技术支持。但同时，我想中国政府也要注意，不要只是输出中国劳力，要多聘用当地居民，带动当地社会发展，帮助当地学校教育等方面的发展，这样，中国在外的投资会更持久。

第一财经：在“一带一路”的倡导下，中国提议推动其他国家的工业化,也就是进行产能合作,可部分国家缺乏电力、水、道路等最基础的生产设施,在这种艰难条件下,你觉得中国是否能完成这一愿景?

鲍达民: 这些情况都存在,但在30年前,中国也是这种情况,看看北京。像基辛格所说,如果把北京20年前的照片拿来看,他可能会大笑说你这是在开玩笑吗,北京怎么可能是这样。所以,中国能做到,其他国家也能。

各国还可以从中国身上学到很多,不仅是有关GDP增长方面的,更重要的是它的另外两方面。包容性增长,这与公平合理分配经济增长有关,还有绿色增长,因为我们不想要污染。各国可以学习中国这些最新的理念思想,用新方法来发展经济,保护环境,最新的理论和科技都被运用于此。所以,我对中国的发展建设能力充满信心。

采访+整理:王 琳

访谈时间:2015年4月

参与“一带一路”,香港的优势在于国际化和市场化

对话嘉宾

关家明 香港贸易发展局研究总监

参与“一带一路”倡议,香港的最大优势在于国际化和市场化,制造业早已不是香港的强项,香港企业的兴趣更多集中在项目的开发与管理,以及技术方面的投入。香港贸易发展局(下称“贸发局”)研究总监关家明在接受专访时表示,在全球价值链发生转变的前提下,香港企业走向海外不再是“闯家”们的单打独斗。

香港贸发局联合上海社会科学院近日发布的《“一带一路”中外合作园区发展报告》也总结称,香港在支持内地企业投资海外方面拥有优势,例如资金流通,丰富的国际通讯资源,国际水平的专业服务,包括金融、法律、税务、可持续经营风险评估、国际认证监测等专业服务。在

5 月对越南和泰国等东南亚国家的多个合作园区进行考察之后，贸发局提出，香港在推动中国境外合作园区发展过程中可担当的角色包括：投资分析及尽职调查、园区规划及管理、环保服务、物流服务、融资及保险服务等。

第一财经：香港企业参与“一带一路”倡议的现状如何？您如何评估香港在“一带一路”倡议所带来的广阔海外市场发展空间中将发挥的作用？

关家明：实际上，香港在很多“一带一路”相关地区一直以来都非常活跃，特别是在东南亚，那里很多大企业，无论是华侨企业还是本地企业，都跟香港有不同程度的联系。除东南亚以外，香港和西非、南亚、中东一带都有很强的联系，特别是在贸易、金融和服务业上。

在 20 世纪七八十年代，有不少香港的“闯家”到海外去发展，孟加拉、斯里兰卡，甚至到西非的尼日利亚，这些地方都有很多香港的投资者去闯。现在在“一带一路”倡议之下，情况开始有一些改变，因为已经不再是香港企业的单打独斗，更多的是靠沿途国家的发展，而且也不单是一些传统的轻工产品生产和销售，还关乎其他方面的服务业。

比如说，现在“一带一路”里面有很多是跟基建有关的项目，从能源、交通到城建。当前来说，虽然因为劳工等各方面资源有限，基建、制造、建筑并不是香港的强项，但香港的长处体现在技术上，我们的技术会比较高端，比如，香港的公共交通世界闻名，经济效率很高，而且我们在交通方面有很多管理和规划的领先技术，能够促进持续性发展。香港企业中在“一带一路”倡议里参与度相对较高的服务型企业，包括一些参与大型基建项目的企业，他们的兴趣更多集中在参与开发与管理，以及技术方面的投入。

第一财经：在企业“走出去”过程中，香港和内地的企业彼此有哪些优势可以互补？香港最大的优势是什么？

关家明：香港的优势主要集中在专业服务方面，不论是基建、制造业还是市场开发，都需要一系列专业服务，从最开始的规划，到项目过程中的管理，再到项目后期的营运，这些都是香港有相对优势的行业。当然，贯穿于整个过程中的金融、风险管理、法律、审计，也是香港企业的优势，这是从行业的角度去讲。

另外一个角度是从“一带一路”倡议发展的策略方面来看，香港的优势在于国际化。一方面是本地企业的国际化，香港本身已经有很多国际企业，比如，有很多港口公司已经在全球几十个国家近百个港口都有业务，另外还有一些做通讯的企业也提供许多跨国服务。另一方面，也有很多国际企业在香港——比如欧洲、美国、日本等一些发达地区和国家的跨国企业基本都会在香港设点。这两类企业加起来，就能把国际上一些通行的标准、做法和有效的技术，带入“一带一路”项目中。

香港的另一个特色是，它拥有一个比较市场化的环境，无论是人力、金融、法律，各方面的平台都比较成熟。比如说，一个项目涉及不同地区和不同背景的企业，怎么去整合起来？我们这里有很多大型会议、展览，通过这个平台可以对接，对接后谈项目的过程所涉及的法律问题、金融问题、资金问题，我们也有很多相关的平台。譬如说项目过程中牵扯到一些法律纠纷，都可以在香港找到国际性的仲裁平台。所以，国际性和市场化是香港最大的优势。

第一财经：过去，香港是全球化的深度参与者与受益者，也积累了很多经验；未来，香港企业参与全球价值链时，如何把过去的经验转化为可持续的价值创造力？

关家明：看待全球价值链，比较简单理解就是制造业的价值链，但自中国发展成为全球工厂开始，就有了一些不同的看法，当前有人说是新一波的生产资料转移，随着国家内部的发展和海外市场条件的改变，我们很多企业都正在探讨“走出去”或者“引进来”。

从香港的角度来说，制造业早已不是我们的强项，即便有也已经是根植在海外或者内地了。比如在金融方面，随着全球价值链的转移和资源的再分配，不能再提供一些过去的传统金融服务，我们也在参考一些其他地区的最新发展，比如金融科技等。总之，虽然香港在一些行业中具有传统优势，但肯定也有一些行业会被边缘化，新的进来，旧的退出，不断延续下去。贸发局也正是在不断跟踪和推动这些改变。

第一财经：有统计称中国和其余亚洲国家合力贡献全球60%的增长，尤其在东盟，一众新兴经济体积极参与全球价值链重构，您如何看待东盟的发展前景？

关家明：东盟是现在全球主要区域里面发展得比较快而稳定的地区，对于香港和内地都特别重要，是内地以外香港的最大市场，无论是贸易、投资、文化，各方面的来往和交流都非常密切。虽然人口只是中国的一半，大概6亿多，但由于地处热带亚热带交界，自然资源特别丰富，不过，在人口规模、经济发展程度和资源分布上，东盟存在很大的多样性。

总体来说，在过去的20多年，东盟的个别地区经济增速在全球主要地区来说是比较高的，甚至比发达国家增速高出一倍，从这个角度说，无论对香港、内地还是全球，东盟肯定是一个重要地区。

关于贸发局：香港贸易发展局（香港贸发局）成立于1966年，是推广香港产品及服务贸易的法定机构，宗旨是为香港企业特别是中小企业创造商机，协助他们拓展环球业务。每年，香港贸发局在全球举办超过320项贸易展览及推广活动、590项交流会或外访团，以及接待约650个访港贸易团，协助国际企业通过香港到中国内地和亚洲拓展商机。

采访+整理：方向明

访谈时间：2017年6月

打造“一带一路”区域性支点

对话嘉宾

姜建清 中国-中东欧金融公司董事长、中欧陆家嘴国际金融研究院院长

2016 年是中国与中东欧互动合作十分活跃的一年。国家主席习近平在 3 月和 6 月分别出访了捷克、塞尔维亚和波兰；波黑和捷克等国举办多个“16+1”经贸和投资论坛；11 月，“16+1”峰会在拉脱维亚首都里加召开，峰会期间中国-中东欧金融控股有限公司正式成立，并由其发起设立了规模为 100 亿欧元的中国-中东欧基金，计划撬动项目信贷资金 500 亿欧元，成为中国第一个政府支持的非主权类海外投资基金，也是“16+1”合作框架的重要组成部分。

中国和中东欧的经济金融纽带空前紧密背后，活跃着一个熟悉的身影——中国工商银行原董事长、中国-中东欧金融公司（中国-中东欧基金）董事长、中欧陆家嘴

国际金融研究院院长姜建清。曾经一手打造和领导了“宇宙大行”的他，在功成身退后开始了“金融外交和实干家”的新征程。

2017 年春节前，由中国-中东欧基金和中欧国际工商学院联合发起设立的中东欧经济研究所在上海正式成立，通过研究中东欧 16 国及相关国家的经济、金融、产业、投资、贸易及人文和社会领域，为中国企业投资中东欧市场提供智力支持和科研服务。就中国-中东欧的合作和发展前景等问题，姜建清接受了第一财经的独家专访。

“中东欧 16 国中 11 个是欧盟国家，5 个是欧元区国家。因此应该与欧洲整体研究结合起来，深刻认识到中东欧国家有别于‘老欧洲’的历史、政治、经济和文化的独特性，才能了解其差异性、多样性政治和经济政策的缘由。”姜建清如此表示。

中国-中东欧“新格局”

第一财经： 大家一直在期待你离开中国工商银行后的华丽转身，现在谜底揭晓了。为什么选择中国-中东欧合作作为你下一个大的目标和方向？

姜建清： 据中方统计，中国和中东欧 16 国贸易从 2010 年的 439 亿美元已经扩大到 2015 年的 562 亿美元，占同期中欧贸易额的 9.1%。去年（2016 年）1—11 月份双边贸易额便达到 529 亿美元,由此可见,和中国与欧美的贸易情况相比,中国与中东欧的经贸合作逆势增长明显。

中东欧国家凭借独特的区位优势和良好的资源禀赋,始终在中国与欧洲大陆之间发挥着桥梁作用。在当今世界经济全球化的进程中,中国-中东欧合作日趋成为区域合作的重要组成,更是响应"一带一路"倡议、推进中欧合作发展的关键媒介。同时,中东欧国家与中国经济特别是中国产业结构的互补性强,具备合作的内在驱动,有利于实现协同发展。双方可在基建、装备、新能源、消费等诸多领域开展对接,推动国际产能合作和优势产业对接,进而带动管理、技术、人才的充分交流,解决经济、贸易、就业等领域的诸多问题。

第一财经: 你在金融业深耕几十年,打造了中国工商银行这样的大行。在中国与中东欧国家长期经贸和投资活动中,你的老本行金融将发挥怎样的作用?

姜建清: 中东欧国家市场化程度较高,法律监管体系繁复,环保和工会组织影响力大,无论是开展投资活动,还是提供融资支持,都面临着较高的准入门槛。因此,必须通过创新金融服务模式,遵循欧盟的贸易投资规则,才能更好地与中国企业和资本携手"走出去",将广阔的市场潜力、强大的制造能力和坚实的金融实力充分结合,达到互利双赢的结果。

2016 年 11 月在拉脱维亚举办的第五次中国-中东欧国家领导

人会议上,中国-中东欧金融控股有限公司及其发起的中国-中东欧基金正式成立,李克强总理亲自为金融公司揭牌。金融公司和基金致力于以商业化和互惠互利的金融模式撬动全球资本,吸引来自中国、中东欧16国、欧洲以及全球的合作伙伴共同参与。

通过全球资本嫁接和中国动力注入,搭建区域性的产业和资本平台,提供领先的"投资+投行+商行"一体化金融解决方案。这是"全球化"和"金融创新"的一次重要实践。

第一财经: 中国经济学界对中东欧国家其实并不陌生,这些国家就是所谓"转型经济体"。在20世纪90年代,中国经济学家在研究自身的转型时,也深入研究和比较了这些转型国家。当时的总体感觉是,中国的转型比这些国家更成功。从今天的情况看,中东欧经济体发展的瓶颈在哪里?

姜建清: 从市场现状看,中东欧迅速增长的发展渴求,面临财政和金融资金短缺的制约。欧洲复兴开发银行和欧洲投资银行每年能提供的债权和股权投资远远满足不了中东欧国家的现实需要。该地区跨国直接投资与资本市场还处于发展初期。据欧洲私募和风投企业协会"投资欧洲"统计,2015年中东欧地区股权及风险投资整体规模仅16亿欧元,以中东欧为主要投向的基金募资规模不足5亿欧元。华沙证券交易所作为中东欧区域内最大的证券交易所,2015年一级市场首次公开发行募资规模为4.4亿欧元,二级市场股票日均成交量为2.1亿欧元,分别为总市值的0.2%和

0.1%，融资能力和交易活跃度有限。

总体来看，缺乏国际股权投资人的关注，企业股权融资难，诸多产业投资机会乏人问津，既是制约中东欧快速发展的关键问题，也是市场开发的潜力所在。因此，结合中东欧的区域特征和发展诉求，创新金融服务模式，以商业化、市场化模式为主，以股权投资基金为突破口，带动信贷资金跟进，带动全球投资人关注中东欧市场。相信会逐步形成金融投入、市场开发和价值创造的良性循环。

第一财经：那么，作为亚欧大陆经济带的重要组成，中东欧国家和中国合作共赢的区位优势又体现在哪里？

姜建清：中东欧是全球新兴市场的重要板块，区位优势明显。作为亚欧大陆经济带的重要组成，中东欧在“一带一路”倡议中发挥着区域性支点作用。从地理位置看，中东欧处于欧盟一体化市场和俄罗斯、中亚地区的结合部，是丝绸之路经济带向西延伸的必经之路。从经济发展看，相比西欧市场，中东欧具有经济活力强、劳动成本低、市场潜力大的优势；相比俄罗斯、中亚地区，中东欧受益于欧洲产业升级和资本转移，经济转型早、进展快，已建立起较为完善的市场机制和生产要素配置体系，市场发育更成熟，产品竞争力更强。从产业结构看，中东欧各国产业分布多元化，在资源、技术和管理等方面大都具有独特的优势，如捷克、匈牙利的汽车制造业，匈牙利、斯洛伐克的电子产业，捷克、匈牙利、克罗地亚的旅游业，波兰、塞尔维亚、保加利亚的农业，均是所在国的支柱产业，也具有较高的外部市场竞争力。

在全球经济复苏缓慢的大背景下，中东欧经济依然保持了良好的发展势头。2015 年，中东欧 16 国的整体名义 GDP 为 1.35 万亿美元，位列全球第十二位，是欧盟区的 8.3%，全球的 1.9%。其中，波兰、斯洛伐克、罗马尼亚的 GDP 增速均高于 3.5%，捷克的经济增长率为 4.5%，达到国际金融危机以来的最好水平，并有望在 2016—2017 年间加速发展。

过往 5 年，我国与中东欧国家不断深化合作。在贸易方面，双边进出口额保持年均两位数增长，贸易总额翻番，达到 602 亿美元。在投资方面，我国对中东欧国家的直接投资由 3 亿美元上升至 17 亿美元，投资方向也拓展至基建、装备、技术、新能源、消费等诸多领域。在金融方面，中资银行已在波兰、捷克、匈牙利等国设立分支机构；中国人民银行与匈牙利、阿尔巴尼亚、塞尔维亚等国签署货币互换协议，开展人民币清算；中国也加入欧洲复兴开发银行，进一步加强金融合作。总体来说，中国与中东欧在加强基础设施建设、实现贸易便利和产能合作方面具有广阔的发展前景。

中东欧经济研究所“新愿景”

第一财经： 说说中东欧经济研究所吧，作为和中国-中东欧金融控股有限公司、中国-中东欧基金密切协同的智库，中东欧经济研究所的定位和愿景是怎样的？

姜建清: 中东欧是“一带一路”的重要节点,自2012年建立中国-中东欧合作机制并举行领导人首次会晤以来,中国与中东欧各国不断加强友好往来,拓展合作领域,建立起多层次、常态化的合作机制,取得了一系列的重要成果。但是,相对于西欧,我们对中东欧国家的了解还远远不够。

中东欧是一个既反映自然地理又具政治地理特征的地区。该地区国家政局剧变已经28年了,期间经历了“转型”和“回归欧洲”。我们对中东欧的研究存在非连续性和政治化的问题,缺乏全面、深刻的认知。目前中东欧16国中11个是欧盟国家,5个是欧元区国家。因此对中东欧的研究应该与欧洲整体研究结合起来,中国与中东欧合作是中欧合作的一个组成部分。但同时要细分研究,深刻认识到中东欧国家有别于“老欧洲”的历史、政治、经济和文化的独特性,才能了解其差异性、多样性政治和经济政策的缘由。尤其考虑到当前欧洲形势的复杂多变和特朗普政府对欧政策的调整言论,更要关注和尊重中东欧国家维护自身利益的诉求和行为。

在此背景下,中国-中东欧基金和中欧国际工商学院联合发起成立中东欧经济研究所。通过研究中东欧各国的政治、经济、文化,才能做到合作理念一致、发展战略一致,找到利益契合点,找准适合中国与中东欧国家合作的模式,实现合作发展的可持续性。这就是中东欧经济研究所成立的重要性和必要性。

中东欧经济研究所由中国-中东欧基金和中欧国际工商学院

共同发起，内设于中欧陆家嘴国际金融研究院，将专注于对中东欧16国及相关国家的研究，不仅对单个国家进行研究，而且将其放在中东欧地区及整个欧洲背景下进行研究，注重基础研究、比较研究和跨学科研究。研究所定位为专业、开放的现代化智库，旨在通过对中东欧各国的经济、金融、产业、投资、贸易等进行持续深入的研究，为中国企业投资中东欧市场提供智力支持，为加强双方经贸往来和全面合作建言献策。

采访+整理：方向明

访谈时间：2017年2月

匈牙利“向东开放”对接中国“一带一路”

对话嘉宾

王宏亮 中国驻匈牙利大使馆商务参赞

说起匈牙利的经济现状、投资环境和对中国“一带一路”战略的呼应，中国驻匈牙利大使馆商务参赞王宏亮简直如数家珍。2015 年 11 月中，一个阴湿的上午，在离布达佩斯标志性建筑“英雄广场”不远的一栋白色 18 世纪建筑、商务处办公楼内，出任商务参赞 3 年多的王宏亮在专访中侃侃而谈。

中国对匈投资位居中东欧第一位

第一财经：虽然匈牙利也在 20 世纪 80 年代末经历了体制更替，但比起波兰，匈牙利与中国一直保持着一种

“亲近”的关系。你认为呢?

王宏亮:确实,中匈政治关系一直良好。两国1949年10月4日建交,在过去的66年时间里,中匈关系发展平稳顺利,没有出现过大的波折。特别是进入21世纪以来,两国高层互访频繁,政治互信不断深化。从2011年以来,每年两国高层领导都要会面,2011年温家宝访匈,2012年是李克强到访。2013年以来,在中国-中东欧领导人会晤(“16+1”)机制下,每年两国的领导人都要进行一次会晤。两国政府一致认为目前中匈两国关系处在历史上的最好时期。

第一财经:那么中匈经贸投资是不是也是史无前例地进入了最佳状态?

王宏亮:近几年中匈经贸关系发展平稳。两国双边贸易额在80亿~92亿美元之间波动,2012年更是达到92.6亿美元的高峰。2014年是90.2亿美元。2015年受整体外贸形势不景气的影响,中匈贸易1—9月下降了14.6%。2014年匈牙利对华出口增长了20.1%,达到了32亿美元,是一个亮点,2015年下降了16%,但农产品贸易增长了2倍,特别是肉制品。去年中国向匈牙利开放了市场,投资方面,发展势头比较迅猛。目前在中东欧地区,中国对匈牙利的投资达到31.7亿美元,位居中东欧地区第一位。

不过整体上,对匈牙利的投资,虽然金额大,但是知名企业还是少,大项目还是少。比如上面所提到的31.7亿美元中,华为和万华两家加起来就占了绝对大头。中国对匈牙利的投资领域主要是化工、通讯、金融、物流；金融领域是在中东欧地区和匈牙利的一个亮点。中国银行匈牙利分行于2014年成立，2015年10月启动人民币在中东欧地区清算中心；2015年6月，中国银行还在匈牙利发行了5亿欧元债券。

匈牙利经济的发展得益于欧盟基金、再国有化再工业化等非常规经济政策和引进外资，中国新移民也有贡献。

匈牙利经济基本面稳中有升

第一财经：匈牙利经济近况如何？经济发展动力在哪里？

王宏亮：匈牙利经济在2008年经济危机时出现过较大幅度下滑的局面。近几年经过政府的努力，通过推行非常规的经济政策和欧盟资金的支持，2013年开始走出低谷，这两年开始出现增长态势，特别是2014年，增长率达到3.6%。2015年年初延续了强势增长势头，第一季度增长了3.5%，后两个季度开始增速放缓。放缓的主要原因是受到世界主要经济伙伴的增速放缓的影响。

匈牙利是矿产资源极其贫乏的国家，因此以外向型经济为主，对外贸易、吸引外资、对外投资三大要素很重要。对外贸易经济占比很高，一般来说，对外贸易总量在2 100亿美元左右，2014年这一数值为2 300亿元美元；2015年前三个季度，外贸总额是1 436.8亿美元，增长7.3%；其中出口72.5亿美元，进口是84.3亿美元，同比分别增长7.2%和5.9%。吸引外资方面，最新统计是820亿欧元，在中东欧名列第三，仅次于波兰和捷克。

匈牙利经济增长主要是得益于欧盟基金，包括结构基金和聚合基金。按照欧盟规定，2007—2013年是一个财政周期，2014—2020年又是一个财政周期，每一个财政周期的资金可以缓后两年使用。因此，2014年欧盟基金用款达到高峰，许多基础设施项目都在进行中。在布达佩斯走走，就可以看到到处在修路，翻新有轨电车车道、广场，工地四处可见。匈牙利其他地区铁路和公路也都在翻新或者新建，一派欣欣向荣的景象。

与此同时，现任政府实施"非常规"经济政策，提出"再国有化和再工业化"的口号。匈牙利政府在1989年转制之后的前10年，大幅度进行私有化改革，私有化率达到95%以上，造成国有资产大量流失，政府手里可供支配的资源和财产几乎消散殆尽。于是，现任政府认为过度私有化反而给政府带来负面的影响，提出来"再国有化"，因此，匈牙利政府把以前关系到国计民生的，比如能源、电力、金融、保险那些完全或部分私有化的财产适时购回。其中布达佩斯银行、匈牙利外贸银行、匈牙利天然气公司等，都由政府做第一大股东。

再工业化，就是提高国家的制造业的水平，将匈牙利打造成中东欧的制造业和加工业的中心，提高国家的竞争力。为提倡劳动光荣，匈牙利政府采取一定措施，鼓励劳动致富。比如匈牙利公民一旦失业，政府会给一定时间的补贴，规定在一定时间里找工作，补贴根据工作经历发放;政府还创造公共就业的机会。目前,匈牙利的失业率已经降到6.4%,2011年的时候失业率是11.7%。在这样的政策下,匈牙利实体经济稳中有升,工业总产值在2015年前三季度是768亿美元,主要产业包括汽车、电子、通信、制药。另外,物流业也比较发达。这些对有志于到匈牙利一掷千金的中企来说,也都是值得关注的行业。由于匈牙利地处欧洲中心,交通网络四通八达,又实施陆路联运,其中汽车工业发展非常迅猛,是实体经济稳中有升中最重要的因素。不过,匈牙利的汽车工业尚没有一个自己的品牌,都是外资企业主导,比如有铃木、奔驰、奥迪,还有欧宝。

另外,匈牙利房地产复苏明显。布达佩斯房地产市场2014年逐步走高,今年更进一步攀升。这主要得益于经济上的好转,老百姓手里的钱多一些了以及消费能力在增强,当然还得益于外来移民的推动,也不排除中国的投资移民。截至2015年11月,匈牙利政府已经批准了7 270名中国投资移民。

但是,目前匈牙利与其他欧洲地区国家一样出现通缩。前10个月的平均通胀率是-0.2%,政府希望尽快改变通缩局面。通缩的最大原因是,油价下跌,导致其能源价格如汽车燃油价格下跌;其次,政府的非常规政策中大幅下调居民的水电气价格和垃圾处理费,目前已经下调了30%,这对老百姓来说是实实在在的实惠。

匈牙利的财政赤字有好转。2015年预测是2.4%。2013年财政赤字GDP占比降到了3%以下,达到了欧盟规定的目标。匈牙利摘掉了自入欧盟以来"过度财政赤字国"的帽子。其国债也在过去的几年，基本稳定在占 GDP 的 77%左右，虽然高过了欧盟规定的 60%，但比很多国家都要好多了。即使这样，政府还是希望通过增收减支的手段，将此降到 70%以下，这也是目标。

总体经济 2015 年增长 3%~5%的可能性较大，明年经济情况根据各方面预测还会继续收窄，增幅大概在 2.4%。主要原因是非常规经济政策是不可持续的，而且受国际市场，如原油价格、能源价格波动、货币政策等影响，欧元的走势、欧洲央行量化宽松政策，都会左右匈牙利经济发展。

匈塞铁路是中国"一带一路"的亮点

第一财经：匈牙利政府及商界对中国"一带一路"怎么看?

王宏亮：中国"一带一路"倡议和匈牙利"向东开放"政策是相当契合的。匈牙利实施的"向东开放"政策是在发展与欧美国家关系的同时，希望加强与东方一些大国之间的经贸合作，特别是中国、俄罗斯、沙特、哈萨克斯坦、印度、日本、韩国等。2010 年匈牙利新政府上台后，一直在积极倡导这个向东开放的经济政策。可以看到，匈牙利政府特别重视"一带一路"倡议，对中方表现出积极支持，2015 年 5 月，"一带一路"研讨会在匈牙利外交经济部倡议下，在布达佩斯举行；6 月，中匈之间签署了共同推进"一带一路"建设的政府间合作备忘录。这在欧洲还是首次。另外，匈塞铁路项目也是中国“一带一路”在中东欧国家的亮点。匈牙利希望把布达佩斯打造成中东欧的各种中心，包括人民币清算中心、物流中心、旅游协调中心、中医药中心等，想通过“16+1”合作机制，提升布达佩斯乃至匈牙利在地区的影响力。

匈塞铁路示意图

第一财经：根据匈牙利投资局的数据，目前有 250 多家中资企业在匈牙利开展业务。那么从你的角度看，匈牙利的投资环境如何？有些什么机遇？有什么特别的方面需要提醒中资投资者？

王宏亮：匈牙利政府鼓励海外投资，因此总体上说投资环境相当良好。首先是地理位置优越。从波罗的海到巴尔干，连接东西方，有利于外商投资，设立加工型的企业、加工厂、制造厂。匈牙利是一个法律法规健全的国家，毕竟2004年就加入欧盟，法律法规与欧盟有一致性。匈牙利劳动力资源丰富，而且劳动力素质高，成本却相对较低。匈牙利年轻人受教育程度高，不仅是上大学，还有一些中等专业技术学校，职业教育很发达。

在投资方面，匈牙利政府政策的机动性较大，按照贫富差异，不同地区采取不同的政策。布达佩斯是匈牙利最发达的城市和地区，占全国人口的五分之一。

匈牙利发达的经济带包括首都经济圈、西部和北部；次发达的地带在西南部，再是东南部的大平原，最后是东北部，最不发达，主要是西部靠近奥地利，东部与乌克兰、罗马尼亚毗邻。

解决就业是吸引外商投资的最大目的。因此，匈牙利政府政策上的灵活性体现在解决就业和税收两个方面。如果投资到东北地区，那么税收补贴最高，如果投到布达佩斯就没有任何补贴。如果到匈牙利西部城市投资，也没有补贴。要解决就业，首先去贫穷落后边缘地区，才有补贴。补贴有几种，一种是直接现金补贴，一个是培训补贴、招聘补贴，还有地方税收优惠。如果投资金额超过1 000万欧元，又能解决25人以上的就业，匈牙利投资局就会给投资者量身定做项目，提供一条龙服务，政策灵活性比较大。这些都是好的一面。

当然，投资总是有风险。目前匈牙利右翼政府非常务实有效。投资者要更多了解政府的规章，聘请专业人士了解法律、法规、税务政策等技术含量很高的相关业务问题,避免由于政府政策变化,特别是税收政策变化等带来的不必要损失。要对政策的理解有一定的前瞻性和预见性。否则如果政府突然推出如危机税、广告税、各种意外税种和一些隐性费用的话,投资者就会束手无策,难以招架。

采访+整理:王　蕾

访谈时间:2015 年 11 月

“一带一路”成效远超预期

对话嘉宾

欧晓理　国家发展和改革委员会西部司巡视员

现在“一带一路”建设已经从初期的“摸着石头过河”,逐步过渡到基本框架更加清晰、工作方式更加明确、合作共识更加广泛、建设成果更加丰富、“朋友圈”不断扩员的新阶段。国家发展和改革委员会西部司巡视员欧晓理在接受采访时如此评价“一带一路”的阶段成果。

“低垂的果实已经摘完了。”欧晓理是“一带一路”倡议从研究提出到规划落实的亲历者,他强调要对“一带一路”倡议下一步工作的难度有清醒的认识,需要各方面更加努力,要有战略定力,按照顶层设计的蓝图,用“钉钉子的精神”做好各项工作。

“钉钉子的精神”

第一财经：“一带一路”倡议提出3年多来，在阶段性总结回顾中提到，倡议的进展和成效超出预期，您对此是怎么理解的？

欧晓理：从2013年国家主席习近平首次提出，到2014年写入党的十八届三中全会决议，而后成为我国与他国的合作典范，“一带一路”倡议推出时间虽然不长，但其影响和建设成效却远超预期。

为什么这么说？这可以从国内和国际两方面看。从国内看，在这短短的三年中，中国研究制定了“一带一路”建设的战略规划，发布了《推动共建丝绸之路经济带和21世纪海上丝绸之路的愿景与行动》，为“一带一路”建设做出了顶层设计，绘制了宏伟蓝图；以“共商、共建、共享”为原则，与许多国家开展了战略对接，达成了许多共识；国内各方面对“一带一路”的认识在不断加深，参与和融入“一带一路”建设的积极性持续高涨，一系列探索和实践也在如火如荼地展开，一些重要专项工作取得显著进展。目前国内，领导小组牵头抓总，办公室统筹协调，地方部门分工负责，以企业为主体的推进工作机制已经形成。

从国际上看，倡议一提出，迅即得到了国际社会的广泛关注和一些国家的积极响应。由于“一带一路”巨大的感召力和吸引力，再加上国内各方面的努力工作，到目前已有100多个国家和国际组织表达了对“一带一路”倡议的欢迎态度,我们已经和40多个国家和国际组织签署了50多份“一带一路”合作备忘录和协议。以基础设施互联互通和国际产能合作为“双核心”,中老铁路、雅万高铁、瓜达尔港、中俄和中亚油气管线等一批重大基础设施项目启动实施,与沿线30多个国家开展了机制化的国际产能合作,沿线50多个国外产业园区建设顺利进行,中白工业园、泰中罗勇工业园等一批海外产业园区加快发展。与沿线国家的人文交流、民生合作也取得积极进展,“一带一路”建设的民意基础进一步得以提升。可以说,“一带一路”的“势”已然成形。

特别值得一提的是,2016年11月17日和2017年3月17日,联合国大会和联合国安理会先后通过决议,支持“一带一路”合作倡议,这充分说明“一带一路”倡议已经得到国际社会的充分认可。即将发布的《共建“一带一路”:理念、实践与中国的贡献》,将对3年成果逐一梳理。大家读了之后,应该会有很深的感受。

坦白地说,在短短的3年多取得这样的成效,我作为一个亲历者是没有估计到的。起初我们在研究中有一个预估,5年、10年、20年可以达到什么样的成效。比如,我们原来估计,可能要5年多的时间,才能对“一带一路”形成比较广泛的共识。但现在看来,我们保守了。现在“一带一路”建设已经从初期的“摸着石头过河”,逐步过渡到基本框架更加清晰、工作方式更加明确、合作共识更加广泛、建设成果更加丰富、“朋友圈”不断扩员的新阶段。

当然,我们对这些成绩感到高兴,但同时,我们也要对下一步工作的难度有清醒的认识,“低垂的果实已经摘完了”。这需要我们更加努力,要有战略定力,按照顶层设计的蓝图,一张蓝图干到底,以“钉钉子的精神”做好各项工作。

中国方案、中国智慧和中国担当

第一财经:“一带一路”倡议被称为“中国方案”和“中国智慧”,这个倡议对于推动全球化会产生怎样的具体影响?

欧晓理:你的问题对“一带一路”的概括不够全面。2016 年的 G20(二十国集团峰会)前,我应邀写了篇题为《举中国方案　践大道之行》的小文,文中我说:“一带一路”是促进全球经济复苏的“中国方案”,是增进不同文明互学互鉴的“中国智慧”,是推动全球治理体系变革的“中国担当”。你的问题中少说了“中国担当”,而“中国担当”刚好与全球化关系密切。

经济全球化是社会生产力发展和科技进步的必然产物,虽然有学者把它追溯到大航海时代,但真正开始流行还只是 20 世纪 80 年代的事情,到现在也只有 40 多年的历史。经济全球化为世界经济增长提供了强劲动力,促进了商品和资本流动、科技和文明进步,以及各国人民的交往。当然,我们也要认识到,经济全球化是一把“双刃剑”,它在促进全球经济增长的同时,也加剧了世界各国发展的不均衡。在全球化中,虽然各国都有获益,但有的获益大,有的获益少。在一国内部,大公司及精英阶层获益多,普通民众获益少。这导致了全球范围内社会不公平现象日益突出，有人说这是“几家欢乐几家愁”。

2008年金融危机爆发以来，世界经济一直处于深度调整期，实现经济复苏面临非常多的不确定性。为此，世界各国都在选择复兴之道。在这个过程中，有的国家把现在世界面临的问题归罪于经济全球化，正如国家主席习近平在达沃斯论坛上讲的，经济全球化曾经被人们视为“阿里巴巴的山洞”，现在又被不少人看作“潘多拉的盒子”。有些过去高举自由化旗帜的国家选择了逆全球化的做法。这几年，保护主义、孤立主义和民粹主义等反全球化思潮有所抬头，经济全球化似乎到了一个十字路口。我看，这是有了病在治病，但遗憾的是吃错了药。

中国是对外开放的受益者和经济全球化的重要参与者、贡献者。借助全球化的力量，近40年我国取得了举世瞩目的成就，改变了世界经济格局。我们认为，经济全球化进程不会改变，也不可能改变，因为它符合经济规律，符合各方利益。在世界已经形成“你中有我、我中有你”的格局下，不应该也不可能抛弃经济全球化，而是应该直面经济全球化带来的机遇和挑战，适应和引导好经济全球化，让经济全球化进程更有活力、更加包容、更可持续，让世界发展格局更加开放、包容、普惠和均衡。

“一带一路”倡议就是这样一个方案，因为共建“一带一路”是所有国家不分大小、贫富、强弱，平等相待、共同参与的合作；是秉持丝路精神，追求互利共赢和优势互补的合作；是各国共商、共建、共享，共同打造全球治理新体系的合作。它承袭了经济全球化的核心内涵，但又有新的内容。它不是简单地推动过去意义上的全球化，而是要推动形成包容共享的全球化，或者说是包容性全球化。而这需要对原有的全球治理体系不合理的方面进行改革，在这方面需要中国的担当，中国应该在推动全球治理体系朝着更加公平、公正、合理的方向发展方面做出更积极的贡献。

"政策沟通"是基础

第一财经：在"一带一路"倡议中，"政策沟通"位列"五通"之首，对此，中国与有关各国取得了哪些共识?

欧晓理："政策沟通"之所以位列"五通"之首，其实道理很简单，就是因为它重要。国家主席习近平在提出共建"一带一路"倡议后，就如何共建提出了"五通"，即政策沟通、设施联通、贸易畅通、资金融通和民心相通。在这"五通"中，"政策沟通"是开展各方面务实合作的基础，也是共建"一带一路"的重要保障。也可以说，它是其他"四通"的基础。

这几年，中国有关方面与沿线国家之间以高层互访为引领，开展了多层次、宽领域的政策沟通和交流，取得了丰硕成果。我感觉各国的共识越来越多。比如，越来越多的国家认识到，当今世界，大家业已形成利益攸关的共同体，面临着诸多困难和挑战，而许多问题单靠一国之力是无力应对的，唯有加强协调合作才能共克时艰。又比如,大家也认识到,各国政治特点不同、发展方式各异、文化传统不一,应求同存异,抛弃傲慢与偏见,尊重彼此发展道路和治国模式的选择,照顾彼此关切和舒适度。另外,大家从这几十年中国发展的经验中体会到,加强基础设施建设,促进设施的互联互通是推动经济和社会效益有机统一、实现多元化发展目标的重要选择,等等。

第一财经: 目前,在"政策沟通"的深度、广度乃至具体形式上需要进行哪些提升和改善?

欧晓理: 从这几年的实际工作中我们体会到,在"政策沟通"方面,重点应加强四个层面的对接:

第一个层面是发展战略的对接。发展战略对接是国家间最高层次的沟通与协调,有利于从宏观上、从政治上寻求合作的最大公约数,找准共同行动的方向,实现相向而行和共同发展。所以有时我说,两国政府间签署共建"一带一路"备忘录,是两国对共建"一带一路"的政治背书。

第二个层面是发展规划的对接。发展规划是对发展战略的细化和量化,发展规划的对接,就是在发展战略对接的基础上,进一步明确合作的重点方向和合作领域,确定合作的时间表和路线图。

第三个层面是机制、平台的对接。机制与平台是双边和多边合作规划能否顺利落实的关键环节。机制与平台实现对接,就可以将各国有关执行机构有效衔接起来,构建顺畅的交流、沟通、磋商渠道,并更有效地对接有关资源,及时解决规划实施中面临的问题和困难。

第四个层面是具体项目的对接。项目是实施战略与规划的最基本的单元和载体。“一带一路”倡议最终需要由基础设施、经贸、投资、金融、人文等各领域一个个项目的实施来落实,项目对接是最微观层面的对接。“一带一路”建设坚持市场运作,项目对接要遵循市场规律,以企业为主体。同时,政府也要发挥作用,为企业进行项目合作营造良好的环境,提供必要的帮助。严格说来,项目对接不属于“政策沟通”的范围。

以上四个方面的对接——战略、规划、平台和项目,我们希望从大到小,从战略对接开始;但由于思维模式的不同,有的国家希望从具体项目对接开始。为此,需要做大量的沟通和说服工作。

采访+整理:王　琳

访谈时间:2017 年 5 月

“一带一路”倡议不是对外援助，是全球化新阶段的载体

对话嘉宾

赵忠秀 对外经济贸易大学副校长

随着 2017 年 5 月 15 日“一带一路”国际合作高峰论坛的落幕，中国同 40 多个国家和国际组织签署了合作协议，同 30 多个国家开展机制化产能合作。真金白银的投入则显示在中国将加大对“一带一路”建设的资金支持：向丝路基金新增资金 1 000 亿元人民币，鼓励金融机构开展人民币海外基金业务，规模预计约 3 000 亿元人民币。

面对这个机遇，包括瑞士、英国等在内的多国的老牌金融及保险机构都表现出了极大兴趣，并力求参与到未来的计划中来。

那么，如何看待这些倡议和协议的未来影响，又如何

总结“一带一路”倡议从提出到不断发展的内涵，并展望未来的商机和风险？

赵忠秀回顾了参与“一带一路”倡议的相关议题中遭遇的诸多误解和反思。随着时局的进展，他认为，“一带一路”倡议的实施过程，是实现人民币国际化的最好的实现方式，这样使得人民币从单纯的贸易结算货币，变成现在的投融资货币。

第一财经：随着“一带一路”国际合作高峰论坛的结束，未来相关项目的实施，是否能真正推进人民币国际化？

赵忠秀：经过几天的会议，“一带一路”汇集了更多的共识，形成了国际性的平台；中国提供了许多具体的资金支持，会引导更多的社会资金投入，更要关注下一代科技对“一带一路”的支持及促进作用，构建新的国际发展模式。

“一带一路”的实施过程是实现人民币国际化的最好方式，这样使得人民币从单纯的贸易结算货币，变成现在的投融资货币。

从某种意义上讲，我们可以通过增发货币的方式，降低“一带一路”的成本。现在国内增发的货币都跑去房地产了，核心是因为国内权益的东西太少，导致资产价格暴涨。而这些增发的货币，若能够进入过去认为有风险的投资洼地，将人民币这个水引流到这些地方，去建桥建路，形成权益，就能实实在在地促进当地经济发展。

也是发展到今天，我们才发现这是一个有效的途径。2013 年提出“一带一路”倡议时，中国外汇储备一直在增加，甚至觉得是个负担。当时学界普遍认为，与其买美债，不如去海外投资实体经济，做点实在的项目。

2014 年 6 月中国的外储达到顶峰，而自 2014 年下半年起，我国外汇储备规模开始下降。2015 年，我国外汇储备减少了 5 126.56 亿美元。2016 年下半年以来，我国外汇储备连续数月下降，到 2017 年 2 月，我国外汇储备才结束了长达 7 个月的连续下降。

“一带一路”的项目实际包含两部分。通过合资方式，取得的是长期权益，由于是基础设施，收益很低。比如坦赞铁路，产生了间接效应，当地市场活跃了，经济发展了，收入提高了，对中国产品的需求扩大。通过合作贸易，中国也会增加这些地方的进口，随着中国扩展市场范围，也会有更多的支付能力，去购买这些国家的产品，这些也都是市场条件改变带来的。

第一财经：您个人在参与“一带一路”相关议题时，有什么直观的感受？

赵忠秀：我们在“一带一路”国际高峰合作论坛期间，接待了埃塞俄比亚总理、格鲁吉亚副总理，还参与了中瑞合作中的教育签约。我们要和圣加仑大学成立一个研究中心，主要跟踪自贸协定(FTA)的研究。

从我本人近期自身的经历来看，发现需要消除一个误解，即这并不是“中国来支援了”。这是合作项目,并非援助项目。

我最近走访的一些海湾国家,他们都提高了对“一带一路”的关注度。一个很朴素的普遍想法,就是中国带人带钱来帮助发展,但实际上,他们并没有理解,这其实是共同发展。

另外,现在还需要防止“一带一路”成了一个框,什么都往里装,需要冷静对待,不要泛化。

在不同的阶段需要把握不同的重点。例如,起步阶段,需要发展基础设施,基本的互联互通是项目重点。有了这个基础,再进行产能合作。这是世界经济发展的规律。中国过去30年的发展,也是不断接受外来产能转移,再逐步提升自身产业竞争力的过程。“一带一路”倡议起初应该是开发性金融,随着市场化深化,扩大金融创新的范围,到最后达到企业直接融资。

在实施过程中,需要评估这些项目是否为好项目,即环境友好、承担社会责任的项目,中国过去的一些经验教训,都要吸取。

第一财经:“一带一路”高峰合作论坛期间,形成了包括贸易倡议在内的多个共识性文件,也在投融资方面有了更多进展,你怎么看待未来这些领域相关政策的落地状况?

赵忠秀:贸易畅通方面,中国引导的,只是一个经贸合作方向性的倡议,应该是开放并且不太具有约束力的倡议。

金融方面,项目实施的过程中,应该是动员共同出资,而不是中国单方出资。中国是希望激活发展的资金,提高市场筹集资金的效率。企业可以选择是从中国的对应机构(进出口银行和国开行等),还是从国际上找长期项目资金,这就需要有一系列配套措施,包括在保险、债券市场做项目融资,这是在国际间很成熟的机制。中国的"一带一路"要解决过去单靠私人的微观企业做不了的大手笔项目,需要国家信用在后面背书。

当然,如果真要形成"一带一路"合作深化和市场化加深,未来,舞台上的表演者不能是政府本身,也不是政府搭台的几个大项目。

亚投行已经批了20多个项目了,包括能源、交通、综合项目,目前还是在点上,还处于早期发展阶段。"一带一路"先是双边谈,政府合作,项目换文,确定优先项目,再考虑下一步融资模式。比如是通过发展援助,金融机构,还是共同形成项目公司在国际市场上寻找资金。常规的需要有主权担保,但有的国家没有主权担保,就加大了中国的金融风险。"一带一路"有特殊政治背书的情况下,如何区别开商务风险和政治风险,即便有政治互信,商业风险依然存在,这里面还是要用市场的原则。

"一带一路"是全球化新阶段的载体,是靠务实的贸易投资推进,让全世界更紧密联系,尤其激发那些欠发展区域领域更多进入全球经济发展之中。早期的美国主导的"全球化",是跨国公司的全球产业重新布局推动,再加上背后的金融支持,是"华尔街"模式。中国一方面有国家推动,另一方面,也要能让民间企业参与其中。

工业革命以来,西方主导(全球经济),攫取了大部分价值。而习近平主席在达沃斯的讲话带来了新的方向:创新引领的思维增长模式、互利共赢的合作模式，改革国际治理模式，让大家平等参与；发展的可持续包容模式，通过发展解决不平等、社会参与，及公平的问题。

第一财经：现阶段，是否国企更容易抓住相应的商机？

赵忠秀：是，国企在参与大项目上有天然优势——资金和担保。基础设施项目方面应该有优势，私营企业一般不具备。国家在项目清单上，央企和国企一定排在优先位置，中小企业要在市场上发现机会。

国际能源公司和国家能源公司是不同的。跨国公司会随时盯着每季度收益，而国家公司评价机制会更多考虑战略意图。你要民营公司去做印尼高铁，就做不起来，技术转让、融资方面优惠安排，国企比私营企业来做要好得多，它超越了单个企业的能力，能够形成合力。

这里面，有一个风险对冲的问题。过去把政治风险放到非常高的层级上，通过这样的合作，可以锁定并降低它，把以前高风险的，私营不会做的，现在变成可以做。这就要求政治互信这个前提，抓住了各国发展中的关切，在这个基础上进行经济合作，当然结果得惠及民众，现在也强调“民心相通”，包括教育、医疗等包容性议题。

第一财经：回顾过去的经历，你认为“一带一路”倡议这几年的发展是否达到了预期效果？现在是否拥有了更丰富的内涵？

赵忠秀：当时提出“一带一路”倡议的时候，就是一个方向性的愿景，并没有具体且快速的方案。从 2013 年习近平主席讲话，到 2015 年 3 月份三部委出台愿景与行动，中间隔了一年半。我相信里面有顶层设计和具体方案需要协调，需要进一步变成工作指南，尤其要与具体项目结合。当时有一个早期收获，圈定了一些具体项目。

到了去年(2016 年)的时候，“一带一路”是否能够形成具体的成果，都是有一定困惑的。所以习主席在达沃斯讲话，邀请大家来“一带一路”论坛，实际上还带有一个考虑——进一步和这些对象国形成共识，希望大家能够接受。

世界的反应超出预想，从最早的 60 多个国家到现在更开放的地理概念，比如对非洲和对拉美的合作，都纳入“一带一路”框架下。

这不是未来几年的事情，是未来几十年的长远方向。“一带一路”的发展是和中国“两个百年”的目标有关联的。通过倡议的实施，促进这样的环境，扩大市场范围，是生产力的重新配置，更加接近市场。

采访+整理：郭丽琴

访谈时间：2017 年 5 月

“一带一路”倡议将载入国际发展合作史册

对话嘉宾

周强武 财政部国际财经中心主任

2017年5月15日，“一带一路”国际合作高峰论坛在北京闭幕。财政部国际财经中心主任周强武在接受专访时表示，有几位出席开幕式的国际机构代表和英国、澳大利亚等国的与会嘉宾在会议间隙见到他时，都不约而同地竖起了大拇指。

“他们称赞习近平主席所作的开幕演讲，特别是在演讲中对‘一带一路’倡议所作的新规划和资金安排，都认为是史无前例的，是中国对国际发展合作的重大贡献，表示‘一带一路’倡议将载入国际发展合作史册。”专访中，周强武就论坛后的工作重点、亚洲基础设施投资银行（下称“亚投行”）与“一带一路”的关系、如何带动国际多边开发机构和吸引私人资本参与"一带一路"等问题表达了看法。

将论坛成果转化为生产力

第一财经：您如何理解中国提出的"一带一路"倡议？

周强武："一带一路"倡议是中国根据区域和全球发展需要，站在历史和时代的高度，以打造命运共同体和利益共同体为目标，提出的重大倡议。在我看来，"一带一路"是中国改革开放以来在国际发展合作领域提出的最重要倡议，既反映了中国坚持对外开放、以合作促发展的坚定立场，也是中国因应国内外形势变化，推动世界经济增长和全球治理体系改革的主动担当。特别是在近年来全球经济形势持续低迷、经济增长不确定性增加、反全球化思潮抬头的背景下，中国提出共商、共建、共享的"一带一路"倡议，展现了中国智慧和作为负责任大国应有的承担，具有深远的历史意义。

第一财经：对"一带一路"倡议目前进展和成果有何评价？

周强武：目前来看，"一带一路"进展非常顺利，从项目建设和国际社会的反响来看，是远超预期的。"一带一路"倡议提出近 4 年来，得到了 100 多个国家和国际组织的积极响应，签署双边备忘录和合作协议 50 多份，一批重点项目取得积极进展，并开始由点及面逐步展开。

特别是本次“一带一路”国际合作高峰论坛成功举行，表明该倡议进入新的发展阶段。有几位出席开幕式的国际机构代表，以及来自英国和澳大利亚等国的与会嘉宾在会议间隙见到我时，都不约而同地竖起大拇指，称赞习近平主席所做的开幕演讲，特别是在演讲中对“一带一路”倡议所作的新规划和资金安排，都认为这是史无前例的，是中国对国际发展合作的重大贡献，表示“一带一路”倡议将载入国际发展合作史册。

第一财经：您认为下一阶段共建“一带一路”的重点工作是什么？

周强武：我想下一步工作的重点还是在于如何落实好高峰论坛的成果，把论坛形成的成果和共识转化为实实在在的生产力。比如，在融资机制建设上，未来中方将根据与亚投行等六家多边开发机构达成的共识，与这些多边开发机构加强务实合作，推动多边开发机构对“一带一路”建设的支持，以进一步加大对相关国家基础设施和互联互通项目的支持力度。同时，中方还将与相关国家一起根据达成的《“一带一路”融资指导原则》，探讨如何鼓励私营部门参与、如何拓展资金渠道、如何发挥多边开发机构的作用、如何发展本币债券市场等，共同推动“一带一路”建设的资金长效机制。当然，这个长效机制建设需要一个过程，需要多边开发机构、各类政策性银行、商业性金融机构、机构投资者、私营部门等各方协同努力，大家一起探讨，共同推进，共同受益。

“一带一路”不是地缘政治工具

第一财经：根据您参与亚投行的筹建和运营的相关工作，在您看来，亚投行与共建“一带一路”的关系是什么？亚投行的成立运作给建设“一带一路”带来怎样的启示？

周强武：亚投行和“一带一路”倡议都是由习近平主席在2013年倡导提出的，因此国内外很多人对亚投行与“一带一路”之间的关系存在误解，认为亚投行是专门为“一带一路”服务的。其实二者既有各自的属性，也有相近的目标。

正如我之前所说，“一带一路”是中国根据区域和全球发展需要提出的发展合作倡议，旨在通过积极主动地与“一带一路”相关国家建立经济合作伙伴关系，共同打造政治互信、经济融合、文化包容的利益共同体、命运共同体和责任共同体。而亚投行是一个新建立的多边开发机构，是国际机构，不属于任何一个国家。此外，亚投行主要是进行基础设施投资，而“一带一路”包含的内容则更为广泛，除了基础设施的互联互通外，还涵盖了政策、贸易、文化交流等领域的内容。

但亚投行与“一带一路”也有交集。亚投行的大多成员是“一带一路”相关国家，而且“一带一路”其中一个重要内容也是促进基础设施的发展和互联互通，这一点与亚投行的目标是一致的。亚投行与世界银行等其他多边开发机构都支持中国的“一带一路”建设,都是“一带一路”倡议的伙伴合作方。目前,亚投行投资的 13 个项目都是 “一带一路”相关国家的基建项目。值得一提的是,无论是亚投行还是“一带一路”,都秉持着开放、包容的理念,坚持共商、共建、共享原则,都有利于更好地完善全球经济治理体系,使更多国家受益。

第一财经: 中国应该如何向印度这样对“一带一路”仍有疑虑的亚投行成员国解释亚投行与“一带一路”的关系?

周强武: 你提到印度对于亚投行与“一带一路”关系仍存疑虑,其实包括印度在内的亚投行成员大可放心。亚投行的所有投资项目都是由其成员共同决定的,况且印度本身就是亚投行的第二大股东,享有充分的发言权和决策权。亚投行 2017 年 5 月初刚刚批准的 1.6 亿美元印度项目,撬动了 5.71 亿美元支持印度安得拉邦的全民供电项目,未来亚投行将投资更多的印度项目。可以说,印度将是亚投行的主要获益者之一。此外,需要强调的是,“一带一路”不是地缘政治工具,不会对印度造成威胁。“一带一路”倡议将积极与印度的发展战略对接,实现优势互补,为印度带来更多的发展机会。

区域问题需要区域性解决方案

第一财经: 很多合作伙伴看重“一带一路”,是看重中国的资金能力，但中国的资金并无法全部满足全球基础设施缺口和"一带一路"建设的需求，且中国自身也面临巨大的外汇和短期资本流动压力。您认为，下一步，"一带一路"建设如何吸引全球金融市场资本的参与？

周强武：资金融通在"一带一路"的"五通"中具有重要地位。我们常说"兵马未动，粮草先行"，这个"粮草"，指的就是金融资源，能否有效地动员中国国内和相关国的金融资源，如何加强与多边开发机构合作，更多投入"一带一路"建设，将直接决定"一带一路"未来的发展前景。

改革开放以来，经过30多年快速发展，中国已是全球第二大经济体，贡献了超过30%的全球经济增长，从资金实力和可动员的金融资源上看，确实要比相关国家丰富一些。以丝路基金为例，成立短短几年，已经签约了15个项目，涉及亚洲几乎各个区域以及欧洲和北非，承诺投资额已达60亿美元，还单独出资20亿美元设立了中哈产能合作基金。丝路基金原有资本金是400亿美元，加上本次峰会新宣布的增资1 000亿元人民币，这个规模应该说是非常可观的。

此外，中国的国家开发银行和进出口银行两家金融机构，过去在"一带一路"相关国家就有大量的投资，这次新设的3 000亿元人民币海外基金业务，加上进出口银行和国家开发银行将分别额外提供1 300亿元和2 500亿元人民币的专项贷款，表明这两大金融机构在原有基础上将具有更大的投资能力。我认为，这两家金融机构将在“一带一路”建设中扮演生力军角色。

但我们必须看到,“一带一路”相关国经济发展差异很大,制度和文化环境明显不同,“一带一路”项目无论是基础设施、能源能效还是产能合作、工业园区,大多都具有投入大、周期长、风险高的特征,总的来看,“一带一路”所需的资金量是非常巨大的。所以,我非常同意你的看法,中国一家资金远无法满足“一带一路”建设的需求。

我们常讲,区域问题需要区域性的解决方案,需要所有利益相关方,包括多边开发机构、开发性金融、政策性金融、商业金融、机构投资者、私营部门等携起手来。同时,政府应发挥好在政策对接、法制保障和信用支持方面的作用,改善跨境金融服务,加大本币使用规模,不断创新投融资工具,才能打造稳定、多元、可持续的投融资体系,才能真正把“一带一路”建设不断引向深入。

多边开发机构可发挥更大作用

第一财经: 世界银行、亚投行、金砖新开发银行、欧投行、欧洲复兴开发银行、亚洲开发银行等多个国际多边开发机构都表示了对“一带一路”不同程度的兴趣,如何带动这些机构为“一带一路”提供资金支持? 需要探索和建立什么样的方式和机制?

周强武:“一带一路”建设资金需求量巨大,涉及诸多跨境大型建设项目，单靠政府投资满足不了需要。多边开发机构在发展融资方面经验丰富，兼备跨国协调和知识等多方面优势，可以在"一带一路"建设中发挥更大作用。

以世行、亚行为例，2016财年，世行集团向成员国和私营部门提供的贷款、赠款、股权投资和担保承诺额达642亿美元，其中超过1/3用于亚洲地区。随着亚洲地区对基础设施领域开发性融资和知识需求的持续增长，亚行2016年年度业务规模超过300亿美元，创50年来新高。目前，世行、亚行两机构每年对亚洲区域基础设施投资规模为200多亿美元。这都表明，多边开发机构有能力为"一带一路"建设提供资金支持。

同时，多边开发机构具有相关领域的专业人才和知识储备，在开发和实施大型基础设施互联互通项目方面具有丰富的经验，能够为"一带一路"建设提供宝贵的智力支持。

值得高兴是，在中国财政部的大力推动下，本次峰会期间中国财政部与亚投行等六家多边开发机构联合签署了《关于加强在"一带一路"倡议下相关领域合作的谅解备忘录》，这为多边开发机构参与"一带一路"建设提供了基本框架和可行路径。我们应充分发挥多边开发机构较强的召集力，探讨既符合多边开发机构各自宗旨及发展战略，又能与"一带一路"建设具有一定契合度的合作领域，如跨境基础设施互联互通、投融资机制建设、投融资环境改善等，通过联合融资、平行融资、三方合作、多方合作等不同形式，开展"一带一路"相关合作，促进区域共同发展。

第一财经：吸引国内外的私人资本投入到基础设施和"一带一路"建设中，您认为，政府和私人资本分别应该做出哪些努力来实现这一目标?

周强武：这个问题非常好。我一直强调，无论是基础设施还是"一带一路"建设都需要巨量资金，仅靠政府无法满足，因此需要积极动员私人资本加入进来。目前仅亚太地区就有大约35万亿美元的私人资本，全球共有约120万亿美元的机构投资资金，参与"一带一路"建设的潜力巨大。但事实上，私人资本参与基础设施建设却一直很有限，这主要是由于缺少对私人资本的引导和激励机制。

为此，政府、多边开发机构和私人资本应携手努力，建立良好的机制，鼓励更多的私人资本参与到基础设施和"一带一路"建设中来。

首先是政府，要为私人资本的参与创造良好的投资环境，鼓励私人资本通过政府与社会资本合作（PPP）等形式积极参与有关"一带一路"，特别是基础设施项目。

其次是多边开发机构，可为私人资本参与基础设施项目投资提供担保，以减少私人资本的投资风险，更好地构建私人资本和项目之间的信任。

最后是私营企业，要进一步加强自身能力建设，积极参加"一带一路"建设。"一带一路"相关国家将为私营企业带来巨大的市场，如若能充分抓住这个机遇，企业将从中受益。

这里我想举阿里巴巴的例子。阿里巴巴早就参与到了“一带一路”建设中，其构建的世界电子贸易平台 eWTP 已经开始在“一带一路”相关国家落地，旗下跨境电商平台“全球速卖通”也覆盖了“一带一路”相关国家和地区，该平台的海外买家已突破 1 亿，这为阿里巴巴带来了巨大的利益回报。

采访+整理：王 琳

访谈时间：2017 年 5 月

后 记

中国倡导的“一带一路”建设正在掀开全球化新的一页。

我们看到，全球化这一在过去几十年中席卷世界、对人类做出了巨大贡献的潮流，现在正遭遇从所未有的质疑。一方面是2008年全球金融危机以来，世界经济迟迟得不到复苏，甚至可以说连复苏之路都还没有找到，各国普遍的经济增速放缓伴随着各种黑天鹅事件纷至沓来，另一方面是全球化对某些人群带来的负面效应没有得到很好的重视和解决，这使得许多人对全球化道路产生了怀疑，反全球化和民粹主义思潮泛滥。

然而，放到历史长河中去看，全球化对于人类提高劳动生产率，对于发展中国家参与全球协作、融入全球经济，从而获得长足发展，都起着至关重要的作用。中国2013年提出的“一带一路”倡议，作为反全球化思潮中的一股清流，作为高高举起的新时代全球化旗帜，受到了沿线发展中国家的欢迎，也受到发达国家中支持全球化的有识之士的欢迎。

对于中国而言，“一带一路”的倡议和建设，整合和引领着我国打开外交和外贸新局面。我们古代的丝绸之路源远流长,“一带一路”传承着悠久历史,习近平主席年初提出建设人类命运共同体,也有赖于“一带一路”建设架起桥梁,走向人类共同的美好未来。在这样的历史时刻,“一带一路”建设正为我们拉开崭新的画卷,成为我国深入参与全球治理、构建全球体系的重要路径。

“一带一路”的画卷正在徐徐展开,百舸争流,许多的举措和项目还需一一落实,许多的细节还有待于推敲。从“一带一路”倡议提出伊始,我们第一财经就开始积极组织各方专家参与解析、提出建议,积极组织记者深入采访权威人士和沿线国家代表。这样的系列文章在2017年5月“一带一路”国际合作高峰论坛召开前后达到了高潮。

非常荣幸,我们的努力得到了上海交通大学出版社的肯定,他们决定将第一财经发表的“一带一路”有关评论及系列高端访谈结集出版,以使读者对“一带一路”有更透彻的认知。

坦率地说,我们的这些文章或许有些琐碎,既有站在一定高度对“一带一路”意义的关照与解读,也有许多从不同角度对实际事务的观察与思考,它们描摹的只是“一带一路”宏大画卷中的一撇一捺,是众多思考的涓涓细流。我们能够保证的是,这些文章的思考是认真的。十分希望得到读者的批评与指正。

在此,要感谢各位评论作者的大力支持,允许我们将他们的文章收纳成集,尤其要感谢外交部前副部长、国务院侨办前副主任何亚非专门为本书提供了最新的评论文章。感谢第一财经评论部编辑孙维维对本书文章所做的搜集、整理和联系作者的工作。同时也非常感谢上海交通大学出版社的编辑老师们以最大的热忱，迅速而高质量地将之编辑成书。

黄宾

（第一财经评论部副主编）